60 dias comigo
PARTE 2

60 días
conmigo
PARTE 2

CIP-BRASIL. CATALOGAÇÃO NA PUBLICAÇÃO
SINDICATO NACIONAL DOS EDITORES DE LIVROS, RJ

D914s
Dukan, Pierre, 1941-
60 dias comigo : parte 2 / Pierre Dukan; tradução: Ana Adão. - 1. ed.
- Rio de Janeiro: BestSeller, 2016.
il.
Tradução de: 60 jours avec moi

ISBN 978-85-7684-956-8

1. Dukan, Pierre, 1941-. 2. Desenvolvimento pessoal. 3. Dieta de emagrecimento. 4. Hábitos alimentares. 5. Qualidade de vida. I. Adão, Ana. II. Título.

15-26693

CDD: 613.25
CDU: 613.24

Texto revisado segundo o novo Acordo Ortográfico da Língua Portuguesa.

Título original
60 jours avec moi
Copyright © 2013 by Éditions J'ai lu
Copyright da tradução © 2014 by Editora Best Seller Ltda.

Capa: Sense Design e Comunicação
Editoração eletrônica: Ilustrarte Design e Produção Editorial

Todos os direitos reservados. Proibida a reprodução, no todo ou em parte,
sem autorização prévia por escrito da editora, sejam quais forem os meios empregados.

Direitos exclusivos de publicação em língua portuguesa para o Brasil adquiridos pela
Editora Best Seller Ltda.
Rua Argentina, 171, parte, São Cristóvão
Rio de Janeiro, RJ – 20921-380
que se reserva a propriedade literária desta tradução

Impresso no Brasil

ISBN 978-85-7684-956-8

Seja um leitor preferencial Record. Cadastre-se e receba informações sobre nossos lançamentos e nossas promoções.

Atendimento e venda direta ao leitor
mdireto@record.com.br ou (21) 2585-2002

DR. PIERRE DUKAN

60 dias comigo
PARTE 2

Seu diário de bordo

Com a preciosa colaboração de Rachel Levy

Tradução
Ana Adão

1ª edição

Rio de Janeiro | 2016

À minha querida mãe, a quem devo minha vida e o que fiz dela.
Aos meus dois filhos e minha mulher, que deram continuidade ao meu trabalho.
A vocês, meus pacientes, meus leitores. Ah, se vocês soubessem!

Fase de cruzeiro · Semana 6

Semana 6
da minha dieta Dukan

Minha "estratégia de felicidade"

O lúdico: da necessidade de brincar e jogar

Os taitianos, descobertos por Bougainville, os índios da Amazônia estudados por Lévi-Strauss, os africanos de Livingstone, os australianos de Cook, os esquimós inuítes... todos esses povos primitivos inventaram jogos que os ajudavam a viver, via liberação natural de serotonina. Hoje em dia, jogamos... vendo os outros jogarem jogos televisivos! Também jogamos videogames solitários. É alguma coisa...

Mas nada substitui a diversão cara a cara, com outro ser humano.

Em suma: quanto mais você se divertir, menos comerá.

Autoavaliação:

☐ Sempre adorei jogar

☐ Não penso nisso com muita frequência

☐ Não é "a minha praia"

O segredo da semana: quando estiver feliz, pule!

Faça como François Mauriac, acadêmico, um dos melhores autores do século XX. Frágil, o absoluto oposto de alguém esportivo, François Mauriac adquiriu **o hábito de pular de frente para o seu espelho.** Pular, com pequenas e leves flexões no início, para estender as pernas e, progressivamente, pular cada vez mais alto.

Achei essa ideia surpreendente e a adotei. Comecei a pular, como ele dizia para fazermos, quando me sentia alegre, estimulado ao esforço pela força e energia do corpo, que transitam com o contentamento agudo de viver que é a alegria. E, para terminar, me dei conta de que a alegria, mesmo que passageira por definição, se prolongava com o esforço.

E, depois, procurei testar esse tipo de salto, sem associá-lo à alegria, e me dei conta de que **pular me deixava alegre.** Seria um condicionamento ou uma associação mental? Não sei, mas, desde então, crio para mim mesmo pequenos movimentos de alegria e mantenho a associação nos dois sentidos. E, ao mesmo tempo, trabalho meus quadríceps, que são os maiores consumidores de calorias do corpo, e controlo meu peso. Tente, você tem tudo a ganhar e nada a perder (exceto, claro, alguns gramas)!

Minhas medidas esta semana

Circunferência peitoral:	Circunferência da cintura:	Circunferência dos quadris:	Circunferência das duas coxas:
....	....	....	....

Sugestões de cardápios para a semana

		Meu café da manhã	*Meu* almoço	*Meu* lanche	*Meu* jantar
SEGUNDA--FEIRA	PL	Bebida quente 1 panqueca de farelo de aveia com cacau sem açúcar Leite desnatado e/ ou requeijão 0% de gordura	Salada de tomate e hambúrguer 5% de gordura Couve-de-bruxelas 1 Iogurte 0% de gordura e sem açúcar com essência de baunilha	**Ganache de cacau**	Cenoura ralada Torta de tofu e espinafre Sopa de alho poró, tomate e hortelã
TERÇA--FEIRA	PP	Bebida quente 1 panqueca de farelo de aveia Requeijão 0% de gordura	Salmão defumado Camarões empanados Queijo frescal 0% de gordura	1 biscoito de farelo de aveia Dukan sabor coco	Sopa missô com tofu Sashimi de atum e salmão Bavaroise caseiro
QUARTA--FEIRA	PL	Bebida quente Muffin de farelo de aveia 1 omelete de claras com ervas finas Queijo frescal 0% de gordura	Salada raita de pepino com iogurte Escalopes de peru tandoori Vagens francesas com cogumelos 1 Iogurte 0% de gordura, sem açúcar, sabor coco	1 Iogurte 0% de gordura sem açúcar com essência de morango 1 biscoito de farelo de aveia Dukan sabor avelã	**Gaspacho express** Escondidinho de couve-flor Panna cotta

QUINTA--FEIRA	PP	Bebida quente 1 panqueca de farelo de aveia 1 ovo frito	Enroladinho de presunto e queijo fresco Camarões VG ao forno 1 logurte 0% de gordura, sem açúcar, sabor baunilha	Barra de farelo de aveia sabor chocolate Dukan Ricota light	Moluscos com maionese Dukan **Espetinhos de espadarte** Copinhos de mousse cremosa de chá-verde
SEXTA--FEIRA	PL	Bebida quente 30g de pepitas de farelo de aveia sabor caramelo Leite desnatado e/ou requeijão 0% de gordura	Alcachofras no vapor Bife grelhado **Pudim de cenoura e coentro** Cottage 0% de gordura	Queijo frescal 0% de gordura	Sopa fria de pepino e camarão Espetinhos de frango marinado com limão e abobrinha Creme de ágar-ágar caseiro sabor caramelo
SÁBADO	PP	Bebida quente 1 barra de farelo de aveia sabor chocolate Cottage 0% de gordura	Bresaola **Escalopes de vitela à milanesa à moda Dukan** Milkshake de café Dukan	1 iogurte 0% de gordura sem açúcar com essência de coco	Fígado de frango com molho de vinagre balsâmico Coelho em papelotes com ervas "Loucura branca"
DOMINGO	PL	Bebida quente Rabanada (com base de pão de farelo de aveia caseiro) Requeijão 0% de gordura	Copinhos de beterraba, cottage e requeijão 0% de gordura Codorna com queijo fresco e purê de aipo Pudim ou flan zero	1 iogurte 0% de gordura sem açúcar com essência de coco 1 biscoito de farelo de aveia Dukan sabor coco	Prato de legumes crus com enroladinhos de presunto magro **Shiratakis com queijo e espinafre**

9

Fase de cruzeiro · PL · Dia 29

Dia 29
da minha dieta Dukan

> Meu peso inicial: ....
>
> Meu peso atual: ....
>
> total de kg perdidos: ....
>
> Meu peso ideal: ....

Panorama do seu 29° dia

Todas as energias concentradas nos legumes. Ontem eu lhe disse que seu programa de emagrecimento não tinha qualquer problema de carência, qualquer que fosse. Na carne e no peixe, você tem todos os aminoácidos essenciais, todas as vitaminas A, B, D e E (especialmente a B12, que encontramos somente na carne animal). A única vitamina que falta é a C, cuja presença é abundante nos legumes. Use e abuse deles e não se esqueça do farelo de aveia!

Seu ambiente de saúde

Já que estamos na coluna do ambiente de saúde, gostaria de falar hoje, mais uma vez, sobre a epidemia do sobrepeso. A Organização Mundial da Saúde (OMS) fala até mesmo em calamidade: em 2011, **o número de pessoas com sobrepeso teria ultrapassado o número de pessoas desnutridas** (ou seja, as que não comem o suficiente)! Nos dias de hoje, é difícil ler um jornal sem ouvir falar das consequências do sobrepeso na saúde ou na economia. Você mesmo, que está com sobrepeso, deve ter uma opinião sobre a questão. Vou lhe dar a minha.

Faz 42 anos que recebo pacientes, cara a cara. Durante quase meio século não me contentei em apenas fazer uma consulta. Curioso por natureza, astucioso e obstinado, já pensei muito sobre a questão do sobrepeso. É algo que me fascina! Examinei todas as pistas, li praticamente tudo sobre esse problema. Fiz muitas sondagens com meus pacientes, me correspondi com boa parte deles, assim como com médicos e associações. Participei de congressos, li os resultados daqueles que não pude participar. Criei minha associação internacional de médicos. Conheci o Dr. Atkins e Michel Montignac. Foi com esse alicerce incontestável que construí meu método. Meu método possui um verdadeiro fundamento científico, que nada tem a ver com algo concebido *a priori*. Na verdade, a princípio, eu não tinha nenhuma opinião formada sobre o problema! Simplesmente constatei a inverossímil e preocupante ineficácia dos tratamentos propostos pela nutrição oficial. E prometi a mim mesmo que criaria algo eficaz.

"Escapadas" da dieta

Hoje de manhã, ao se levantar, você deve ter pensado em muitas coisas. Mas, certamente, não pensou na possibilidade de sair da dieta hoje. Então, sou eu quem vai fazer você pensar nisso. Por quê? **Prevenido desde o início do dia sobre o perigo de uma eventual escapada da dieta você estará mais bem-equipado quando a tentação aparecer.**

Um dia inteiro é muito tempo: a todo momento pode surgir seu companheiro ou seus filhos com torradas bem crocantes e amanteigadas, cobertas por geleia; um colega do escritório pode vir lhe fazer uma visita com um pacote cheio de coisas deliciosas, que vão do chocolate aos demais doces e salgadinhos, passando por um pedaço de bolo que sobrou do aniversário de outro colega.

Se você for pego desprevenido, será menos forte, pois você tem medo de recusar o que lhe oferecem, como esse pedacinho de bolo tão gentilmente oferecido. **Ah, você conhece bem esse pequeno tempo morto, ao longo do qual vem a hesitação:** no fundo, você tem vontade de dizer não... mas gostaria de dizer sim, para não fazer desfeita ao interlocutor, ou por hábito... ou por uma verdadeira vontade de morder o alimento proibido.

Em contrapartida, se você pensou ANTES, já está preparado: a resposta está pronta, ela é direta. A resposta é NÃO!

Tente viver essa situação com a resposta já pronta (pois duvido que hoje, em seu caminho, você não cruze com a "Senhora Tentação").

Minha mensagem de apoio para você

Hoje vou esclarecer **o que se passa DENTRO do seu corpo e de seus órgãos quando você consome glicídios em excesso.** *Imaginemos que seu café da manhã seja composto por uma torrada com geleia, um pão — ou, pior ainda, cereal de milho. No almoço, você come massa ou pizza e, depois, finaliza com uma torta de maçã. Eis o que seu corpo vai fazer com os glicídios ingeridos.*

A partir do momento em que você leva a comida à boca, seu pâncreas entende que há glicídios chegando. Ele vai começar a **secretar insulina.** *Essa insulina expulsa do seu sangue os ácidos graxos que poderiam ter sido utilizados pelo seu corpo. Privadas de ácidos graxos circulando, suas células vão, imediatamente, aguçar seu apetite. Uma vez ingeridos, necessitando tão somente de uma digestão sumária, esses glicídios deixam o estômago e se encontram no intestino delgado. Lá, se decompõem em açúcares simples: passam para o sangue e se transformam em glicose. A* **glicemia** *(nível de açúcar no sangue) rapidamente se eleva e atinge seu ápice em 30 minutos.*

O estado de alerta máximo é, assim, iniciado pelo **pâncreas, que inunda o sangue de insulina.** *Tudo isso demanda um esforço considerável. Mais cedo ou mais tarde o pâncreas acaba se cansando e se consumindo demais (principalmente quando trabalha dessa maneira desde a infância). Ao final, diabetes e obesidade podem surgir.*

Pierre Dukan

Sua motivação

Voltemos a falar sobre a "força de vontade". Diz-se que é preciso ter força de vontade para emagrecer! Mas a vontade, enquanto tal, não existe... O que chamamos de vontade é apenas um jogo de forças que se enfrontam em seu inconsciente, um território em que as palavras e as ideias não têm curso. **Nesses cantos recuados do seu sistema nervoso tudo é decidido por você, mas sem que você participe da decisão.**

Tomemos um exemplo. Em plena consciência, você decidiu emagrecer e escolheu este método e este diário de bordo para chegar ao seu objetivo. Por inúmeras razões, essa decisão lhe agrada... Digamos que você aderiu a ela de maneira bastante sólida. Mas o tempo passa e, à medida que você perde peso, que as tentações voltam e, principalmente, que a balança fica estagnada por um momento, **dois grandes oponentes do seu projeto** retomam vigor.

O primeiro é o seu cérebro reptiliano, a parte dos instintos. Seu objetivo é buscar comida através de todos os meios possíveis, até que você fique calmo e se sinta saciado.

O outro oponente é este cérebro um pouco mais evoluído, o sistema límbico, que governa seus atos em função de um sistema binário de prazer/desprazer. Quando você procura emagrecer, ele não se sente seguro e vai se opor ao seu projeto: ele vai lhe dar vontade de comer alimentos gratificantes (vontade de comer açúcar, tentação para beliscar...).

Acho essa teoria fascinante. Mas estamos apenas nas preliminares da compreensão do funcionamento profundo de nosso cérebro...

Sua atividade física

Não sei se você trabalha usando um computador. Independente disso, tente fazer este pequeno exercício que, rapidamente, vai se tornar um hábito.

Você trabalha diante de uma tela? Se for um ser humano normal, em algum momento, sem se dar conta, **vai ficar com as costas curvadas.** Sua cabeça é um órgão pesado, praticamente sempre postado adiante de sua linha de gravidade. Com o tempo, essa postura inadequada acaba por modificar a forma de suas vértebras (e, mais ainda, dos seus discos intervertebrais).

Continuando sentado, esqueça um pouco a tela do seu computador para esticar as costas, até que o topo do seu crânio esteja colocado de forma paralela ao teto. Nesse momento, faça o esforço de empurrar a parte chata de seu crânio em direção ao teto. **Estou pedindo a você para "crescer". Se o fizer direito, vai ganhar 3 ou 4 cm de altura.** Fazendo isso, você também faz funcionarem alguns músculos que NUNCA trabalham. Existem dezenas de pequenos músculos adormecidos que ligam cada vértebra à vértebra seguinte, assim como às vértebras vizinhas, de cima e de baixo.

Colocando-as para trabalhar você vai sentir essa zona quente mais sensível (e se mantiver a postura, um pouco mais dolorida também). Eu mesmo faço esse movimento há muitos e muitos anos, e adquiri uma força tão grande nesses músculos da coluna vertebral que, enquanto me estico, sinto as vértebras estalarem, uma após a outra. Não se preocupe: o estalo não diz respeito aos ossos, mas à cápsula articular que, quando se estica, deixa passar um pouco de líquido sinovial, produzindo o barulho.

Com esse pequeno exercício diário, você não apenas vai queimar calorias provenientes de músculos adormecidos, mas também vai prevenir futuros danos vertebrais e o torcicolo. Melhor ainda: vai ganhar um pescoço alongado e um porte muito mais elegante.

Exercício do dia

- **Jovem e ativo:** Hoje faremos 45 abdominais e 17 agachamentos.
- **Mais de 50 anos e sedentário:** Hoje vamos manter vinte abdominais e dez agachamentos.

Cesta de compras do dia

Hoje vamos falar dos aromas. Eles são naturais (extraídos de alimentos) ou sintéticos (copiam o sabor de um alimento). O que têm de interessante é o **fato de possuírem o gosto de um alimento sem ter suas calorias.** Isso vai enriquecer muito sua alimentação, especialmente porque esses aromas são, na maioria das vezes, extraídos de alimentos proibidos em meu método.

Eis alguns dos aromas entre os disponíveis no mercado: chocolate, amêndoa, banana, manteiga, café, caramelo, cassis, cereja, limão, tangerina, conhaque, rum, morango, framboesa, maracujá, menta, mel, avelã, nozes, coco, laranja, pistache, amendoim... tudo para você cozinhar com gosto e criatividade!

O único problema é que esses aromas nem sempre são muito fáceis de encontrar. Você vai encontrá-los na internet ou em algumas farmácias.

Minha lista de compras

- Farelo de aveia e farelo de trigo
- Requeijão 0% de gordura
- Cacau sem açúcar
- Ovos
- Tomate, couve-de-bruxelas
- Cenoura, espinafre
- Bife de hambúrguer com 5% de gordura
- Iogurtes 0% de gordura e sem açúcar
- Aromas de pistache
- Tofu

Sua receita de hoje

Ganache de cacau

Tempo de preparo **3 min**
Tempo de cozimento **20 min**
Serve **8 pessoas**

¾ xícara de creme de leite light
5 colheres (sopa) de adoçante culinário
2 colheres (sopa) de leite em pó desnatado
4 colheres (sopa) de cacau em pó sem açúcar
1 canela em pau

1. Misture todos os ingredientes e cozinhe em fogo médio até obter uma mistura homogênea e cremosa. Para uma ganache mais firme, cozinhe por 20 minutos ou mais.
2. Sirva em taças individuais.

Meu diário pessoal

Caso você tenha alguma pergunta que o incomode ou preocupe ao longo da leitura deste diário de bordo, pode me fazê-la diretamente, enviando um e-mail para o seguinte endereço: docteurpierredukan@gmail.com.

Não garanto responder a todas as perguntas, mas se a sua for pertinente, prometo responder. Quanto a você, não se esqueça de usar esta coluna. Agora você já deve ter entendido o quão importante ela é.

Fase de cruzeiro · PP · Dia 30

Dia 30
da minha dieta Dukan

Meu peso inicial:	Meu peso atual:	total de kg perdidos:
....	....	....

Meu peso ideal:
....

Panorama do seu 30º dia

Como as ondas à beira do mar, o fluxo e o refluxo, o ciclo das marés altas e baixas, **nossa alternância nos leva, hoje, de volta às proteínas puras.** Sendo assim, retorno às fontes e à pureza do diamante nutricional. Vamos nos reencontrar com os alimentos do caçador que trazemos em nós há 2 mil séculos. É por uma boa causa: perder esses últimos quilos que de nada nos servem e que nos prometemos perder juntos.

Seu ambiente de saúde

A primeira consequência do sobrepeso é o diabetes. Caso você seja diabético, deve, imperativamente, emagrecer ou aceitar sofrer, em prazo muito curto, as graves consequências dessa doença (problemas cardiovasculares, infarto, acidente vascular cerebral, cegueira — 80% dos cegos ficaram assim por conta do diabetes), hipertensão arterial, zumbido, vertigens, dificuldade de ereção no homem... Caso não seja diabético, mas pelo menos um de seus pais seja, e caso esteja em sobrepeso, é preciso fazer de tudo para não se tornar diabético também! Com disciplina você pode muito bem nunca adquirir a doença.

Em contrapartida, se sua glicemia estiver compreendida entre 1,10g e 1,26g/l, você está no caminho do diabetes (considera-se que uma pessoa é diabética a partir de 1,26g/l). Felizmente, assim que emagrecer e aceitar caminhar 20 minutos por dia, o processo vai se interromper! E ele se inverte a partir do momento em que você passa a 1,10g/l de açúcar no sangue.

Se você não tiver qualquer problema de diabetes, isto significa que seu pâncreas está controlando a situação e que sua sensibilidade ao açúcar é boa: é uma sorte muito grande. Hoje devemos terminar o que começamos juntos. Temos que perder esse sobrepeso restante; eu continuo ao seu lado.

"Escapadas" da dieta

Hoje eu me permiti tomar uma decisão sem consultá-lo. Na verdade, decidi de maneira unilateral que você, da hora que se levantar à hora de dormir, não fará QUALQUER escapada da dieta. Nada de novo, você vai me dizer... mas gostaria, me expressando de maneira mais clara, de lhe oferecer essa decisão como um empurrãozinho a mais. Algo que fará a balança pender para o lado certo. Conheço as forças antagonistas que podem, algumas vezes, armar uma batalha contra você, quando está diante da tentação. Razão a mais para que hoje, mais uma vez, eu seja **seu aliado no "lado bom" da força.**

Minha mensagem de apoio para você

Já falamos sobre os açúcares: **existem os rápidos (como o açúcar branco e a farinha branca) e os lentos (como os feculentos, os cereais integrais, as massas e as leguminosas).** *Existe uma verdadeira diferença entre os açúcares rápidos e os lentos (ou, como também se diz, entre os que têm uma penetração invasiva e os que têm uma penetração mais progressiva). Qual é essa diferença? O choque insulínico.*

Quando a glicose abunda, o corpo é ameaçado pela hiperglicemia e pela toxicidade (para os órgãos que o sangue atravessa: o coração, os olhos, os rins...). Este estado de alerta vermelho obriga o pâncreas a reagir secretando **doses massivas de insulina.** *Essa insulina,* **nesse momento,** *lhe é* **favorável,** *uma vez que expulsa o açúcar para fora do sangue: ela salva sua vida.* **Entretanto, progressivamente, ela faz com que você engorde e acaba por se tornar tóxica.** *Por que tóxica? Porque, quando a insulina está muito presente, milhares e milhares de células que compõem seu corpo se tornam* **resistentes a ela.**

Sendo assim, seu pâncreas deve fabricar cada vez mais insulina para sua proteção imediata

Além disso, você não é diretamente informado do que se passa em seu organismo: sem que você saiba, **se entrar em um circuito de dependência do açúcar, a insulina e a glicose começam a atacar seus órgãos.** *Seu fígado fabrica substâncias tóxicas inflamatórias que levam a consequências muito graves e, com elas, especialmente à entrada em uma doença chamada* **síndrome metabólica.** *Você vai ver surgir uma 'pança', barriga proeminente formada por uma gordura particular, tanto fora da parede muscular quanto dentro dela, em torno dos órgãos.*

O que se passa depois depende dos seus genes: *ou você tem uma grande tendência familiar ao diabetes, ou uma tendência leve, ou você não é propenso a essa doença. Vamos ver o que acontece em função dessas três opções amanhã.*

Sua atividade física

Ontem eu lhe ensinei um pequeno exercício dos músculos pré-vertebrais: solicitados e contraídos, são capazes de endireitar sua coluna quando você trabalha em um computador. Hoje proponho um outro movimento que, a longo prazo, poderá lhe trazer muitos benefícios.

Você já notou que, quando uma pessoa está de pé, ela tende a se encostar em um elemento estável e sólido, como uma parede ou um objeto pesado? Quando não há objetos por perto, frequentemente, ela se entorta para se manter de um só lado (em uma única perna). Nessa posição, o peso do tórax não é mais suspenso por forças musculares, mas pela tensão passiva dos ligamentos e dos tendões.

Eis o que lhe peço: quando estiver em pé, em um ônibus, no metrô, no elevador ou em qualquer outra situação que o obrigue a estar nessa posição, pense em voltar ao seu centro de gravidade, mantendo-se ereto, com as pernas ligeiramente afastadas. Nessa posição, o peso de seu corpo é verdadeiramente apoiado por seus músculos... e não músculos quaisquer, mas os "grandes portadores", os músculos das coxas, dos quadris e dos glúteos. São os músculos que mais consomem calorias por minuto!

Sendo assim, além do fato de queimar calorias suplementares, você vai ter uma postura mais elegante. E, principalmente, vai se manter consciente de sua atitude, de seu corpo... e de sua dieta!

Exercício do dia

- **Jovem e ativo:** Hoje passaremos a cinquenta abdominais e faremos 18 agachamentos.
- **Mais de 50 anos e sedentário:** Hoje vamos tentar passar a 22 abdominais e a 11 agachamentos.

Sua motivação

Ontem dividi com você meu entusiasmo quanto ao que amanhã será, penso eu, **uma das mais importantes preocupações do gênero humano. Quero falar sobre a compreensão do funcionamento do cérebro.**

Algumas pessoas talvez pensem que já se sabe muito sobre o assunto. É mentira: o que sabemos é apenas uma parte. E o pouco que sabemos já mudou muito a nossa vida (penso, em especial, na psicanálise e na emergência das neurociências). Ao fim do século XIX a descoberta do inconsciente foi uma verdadeira revolução. Atualmente, o pensamento de Freud está situado em um fundamento mais científico: sabe-se que o cérebro humano, objeto dos mais complexos e mais sofisticados do universo, se construiu muito progressivamente em centenas de milhares de anos.

Tudo começou com os primeiros anfíbios, peixes cujas barbatanas se tornaram membros ao se apoiarem na terra firme. **Em seguida, vieram os répteis,** com um cérebro já suficientemente complexo para dominar o mundo (penso nos grandes dinossauros, os predadores mais espetaculares de todos os tempos). O cérebro dos répteis foi — e continua a ser — um templo de instinto puro: "Estou com fome, como a qualquer preço, mesmo que arrisque a minha vida, sem emoção ou imaginação. Vejo uma fêmea, que reconheço pela maneira de se mover, pela cor de seus flancos, seu cheiro, sua ausência de agressividade, sinto-me seguro e copulo e sequer sei que ela colocará ovos... Nem ela.

"Um outro macho se aproxima de meu território, olho-o fixamente; se ele penetra em meu espaço, ataco-o, não importa qual seja seu tamanho. Quanto mais ele se aproxima do meu território, mais forte e ameaçador eu me torno." Fome, sexo ou agressão... é o que vibra mais forte no cérebro de um réptil. O homem também possui esse cérebro. Claro que, em nós, vem acompanhado de outras instâncias, que o freiam e o enquadram. Até amanhã.

Cesta de compras do dia

Hoje, pense em comprar ovos. No ovo há a gema e a clara. A clara é a proteína de referência utilizada por todos os nutricionistas: é a mais pura que existe. A gema é um alimento rico em uma grande quantidade de substâncias benéficas (vitaminas A, D, E e K...) mas também em colesterol.

Ora, o colesterol amedronta as pessoas. Se você tiver uma porcentagem muito elevada de colesterol no sangue, não deve, por isso, excluir totalmente os ovos de sua alimentação. Três ovos por semana não lhe farão mal algum. Mas tente não passar dessa dose. E, acima de tudo, saiba que a clara não tem qualquer incidência no seu colesterol.

Por isso, não hesite em preparar omeletes de claras com um pouco de presunto picado. É uma refeição rápida deliciosa, que vai deixá-lo saciado.

Minha lista de compras

- Requeijão e cottage 0% de gordura
- Salmão defumado, salmão e atum cru para sashimi
- Presunto magro cru
- Shiratakis
- Ovos
- Cebola, salsa
- Queijo ralado com 7% de gordura
- Queijo frescal% de gordura
- Sopa missô
- Gelatina
- Aroma de avelã
- Biscoitos de farelo de aveia sabor coco Dukan

Sua receita de hoje

Camarões empanados

Tempo de preparo **1 hora**
Tempo de cozimento **30 min**
Serve **3** pessoas

300 g de camarões cozidos
Suco de 3 limões
2 colheres (sopa) de alho em pó
2 ovos batidos
Farelo de aveia (o suficiente para empanar)
Sal e pimenta-do-reino a gosto

1 Tempere o camarão com suco de limão, sal, pimenta e alho em pó.
2. Deixe marinar por uma hora.
3. Passe os camarões no ovo batido e em seguida no farelo de aveia.
4. Leve-os ao forno num refratário untado. Deixe dourar, vire e doure do outro lado antes de servir.

Meu diário pessoal

Ontem fiz uma proposta a você. Propus que lhe responderia se você me escrevesse. Se eu julgar que sua pergunta faz sentido, responderei: tomarei esse tempo de minhas consultas. Mas não me queira mal caso eu não julgue a resposta à sua pergunta realmente necessária.

Fase de cruzeiro · PL · Dia 31

Dia 31
da minha dieta Dukan

Meu peso inicial:
....

Meu peso atual:
....

total de kg perdidos:
....

Meu peso ideal:
....

Panorama do seu 31º dia

Eis os legumes novamente: frescor, fibras e vitaminas na programação de hoje! Não desperdice essa oportunidade. Crus, cozidos, em conserva ou congelados, tudo é possível com os legumes. Não se esqueça, também, do que eu já lhe disse: "Nunca, em minha carreira de médico, encontrei um obeso que adorasse legumes!" Se você não gosta deles, pois bem, isso é apenas um mau hábito a ser mudado. O mesmo vale para o seu hábito de estar com sobrepeso: você vai se acostumar a ser magro!

Sua motivação

Ontem nos despedimos com um pequeno texto sobre o velho cérebro reptiliano: guardião dos instintos primordiais ligados à sobrevivência do indivíduo e da espécie. Esse cérebro funcionou dessa forma até o espantoso acidente que eliminou todos os dinossauros! Um meteorito gigantesco, de 10 quilômetros de diâmetro, se chocou contra a Terra no lugar onde hoje é o México, há 65 milhões de anos, criando uma explosão similar a "milhares de bombas de Hiroshima". O impacto projetou milhões de toneladas de poeira, carregadas de irídio altamente tóxico, dizimando todos os animais de grande porte. Quando a aterrorizante hegemonia dos dinossauros chegou ao fim, os mamíferos vieram ocupar o cenário, e multiplicaram-se em grande velocidade.

A mãe mamífera, ao contrário da fêmea réptil que abandonava seus ovos sem acompanhá-los, traz sua progenitura no ventre e a alimenta pelas mamas, até sua maturidade. Em outra época, o cérebro do réptil, incapaz de sentir emoção e sem memória, não permitia o apego fundado na memorização de elementos dessa ligação. A partir disso, a evolução adiciona um novo "programa" ao primeiro: o cérebro mamífero. É a emergência do prazer e do desprazer ressentidos. É também o advento das emoções... Logo, do condicionamento, do hábito, do apego às coisas e aos seres, incluindo-se nisso a comida e, especialmente, o açúcar.

O ser humano possui estes dois cérebros: o reptiliano e o mamífero. Trata-se de dois cérebros bem diferentes, que devem funcionar em conjunto. Cada um tem seus objetivos, sua linguagem, suas prioridades, e sempre foi preciso que um acerto se fixasse entre os interesses dos dois. Sim, nós, seres humanos, somos portadores desse segundo cérebro mamífero, que gera as emoções e os afetos, da mesma maneira que nossos animais domésticos o são. É o que explica o fato de, às vezes, nos sentirmos tão próximos de nossos cachorros e nos apegarmos tanto a eles.

Amanhã explicarei como o funcionamento dos dois cérebros desempenha um papel importante na motivação e na relação com a comida...

"Escapadas" da dieta

Eis que estamos próximos de quarenta dias de navegação conjunta. Todas as manhãs insisto mais uma vez neste ponto preciso que é o das ESCAPADAS. Se posso acreditar em minha experiência, você deve ter escapado da dieta... pois você não é um robô, nem um herói. Você é um ser humano, com emoções, afetividade, necessidade de prazer e alegria. Do meu lado, tenho um papel a desempenhar: o de acompanhar você até que chegue ao seu Peso Ideal. Ora, tenho apenas 60 dias para fazê-lo. Cada dia é importante nessa viagem. E eu levo o meu papel muito a sério.

Faltam apenas vinte dias para acabar nossa viagem juntos: nessa ótica de prazo muito curto, **não sair da dieta é um desafio que você pode facilmente retomar.** Então, ainda conto com você para que o vença hoje! Amanhã voltarei com novas e boas ideias.

Minha mensagem de apoio para você

Se você fizer parte daqueles (ou daquelas) que engordaram porque abusaram dos açúcares, é possível, caso o abuso tenha durado muito tempo, que você tenha cansado seu pâncreas, obrigando-o a secretar um excesso de insulina. Sendo esse o caso, é possível que **as células do seu corpo tenham, progressivamente, se tornado resistentes à insulina. E se você continuou a engordar cada vez mais, essas mesmas células finalmente se tornaram intolerantes à insulina.** Assim sendo, três soluções são possíveis, em função de sua predisposição ao diabetes.

Se em sua família existe uma forte tendência ao diabetes, é possível que você mesmo tenha se tornado diabético. De manhã, em jejum, sua porcentagem de glicose sanguínea (ou glicemia) ultrapassou 1,26g/l. Você já deve tomar remédios para controlá-la.

Felizmente, se essa situação for recente, você pode CURÁ-LA. Você pode muito bem voltar a ter uma porcentagem abaixo desse limite de 1,26g/l e até mesmo, no final, voltar a ter uma glicemia de 1g/l. Isso é possível se você emagrecer, se parar de comer glicídios e caminhar de 20 a 30 minutos todos os dias.

Se a predisposição ao diabetes em sua família for moderada, o melhor é que você vigie sua glicemia, pois o sobrepeso e o sedentarismo podem acelerar uma evolução que normalmente seria lenta. Aqui ainda, e talvez principalmente aqui, mexa-se e emagreça. Você tem grandes chances de escapar dessa doença agressiva.

Caso não exista tendência diabética em sua família, você tem muita sorte. Mas isso não o exclui totalmente dos riscos. Como você engordou muito e é sedentário, existe o risco de que seu pâncreas se esgote. Então, seja prudente e emagreça. É o momento ideal para que você o faça. E, principalmente, guarde na memória a ideia de que o açúcar é seu inimigo.

Pierre Dukan

Sua atividade física

Hoje vamos fazer juntos um pequeno teste de resistência ao esforço: simples, mas eficaz.

Antes de começar, pressione seu pulso durante 1 minuto para contabilizar o número de batimentos cardíacos em repouso. Em seguida, posicione-se diante de uma mesa, uma mesa de escritório ou uma pia e coloque suas mãos esticadas sobre ela. Depois, abaixe-se, inspirando, até que seus glúteos entrem em contato com seus calcanhares. Suba novamente, expirando, e conte até UM. Em função de sua idade e de sua condição física, realize o movimento 10, 15 ou 20 vezes.

Imediatamente após o esforço, retome seu pulso (e uma terceira vez, depois de 1 minuto). Assim, você terá três pulsações. Vamos chamá-las de P1, P2 e P3. Adicione os três P (P1 + P2 + P3) e você terá uma soma. Subtraia 200 do resultado da soma e divida o que obtiver por 10.

Se o número for inferior a 0 (logo, um número negativo), você tem um coração de atleta e poucas chances de estar com sobrepeso.

Se o número estiver situado entre 0 e 5, sua adaptação ao esforço é boa. **Entre 5 e 10**, a adaptação é média. **Entre 10 e 15**, a adaptação é insuficiente. Se o número **for superior a 15**, você tem dificuldades em se adaptar ao esforço: emagrecer é essencial para você. Converse com seu médico.

Exercício do dia

- **Jovem e ativo:** Hoje faremos cinquenta abdominais e 18 agachamentos.
- **Mais de 50 anos e sedentário:** Hoje vamos manter 22 abdominais e 11 agachamentos.

Seu ambiente de saúde

Hoje eu gostaria de voltar à relação entre o sobrepeso (ou obesidade) e o câncer. Fico surpreso ao constatar a que ponto essa relação é desconhecida pelos pacientes e por inúmeros médicos. E, no entanto, a relação entre peso e câncer é bastante lógica. A célula humana, como qualquer entidade vivente, precisa de energia e de combustível para viver. A célula cancerígena, que tem pressa em se multiplicar para invadir e depois destruir o organismo que a abriga, precisa de ainda mais combustível!

Já vimos anteriormente que uma célula normal não cancerígena funciona com dois tipos de combustíveis: primeiramente, os ácidos graxos, trazidos pela alimentação ou liberados pelo tecido adiposo; em seguida, a glicose, fornecida pelos alimentos ricos em glicídios, como o açúcar, a farinha, os feculentos, os cereais etc.

Quanto à célula cancerígena, esta tem uma propriedade bem peculiar: ela não pode funcionar senão com a glicose, pois seu metabolismo não aceita os ácidos graxos. Isso significa, de maneira mais clara, que, privada de glicose, a célula cancerígena está condenada a morrer. Assim, finalmente, teríamos encontrado o remédio contra o câncer! Na realidade, ao que parece, o organismo privado de glicídios consegue, de qualquer forma, sintetizar sua própria glicose... mas em quantidades bem menores! Desse modo, a célula cancerígena é freada em seu desenvolvimento e disseminação. É o que confirmam os estudiosos do câncer, que constatam que uma alimentação sem glicídios diminui a progressão do câncer e, ainda mais, a difusão de suas metástases. Infelizmente, essa alimentação, que exclui os legumes e as frutas, não é algo fácil de ser instaurado. Frequentemente, ela necessita da presença de legumes por janelas de alguns dias, assim como da associação de uma quantidade de vitaminas de excelente qualidade.

Se você fizer parte de uma família com risco de câncer, reduza seu consumo de açúcares e glicídios. Se você já teve câncer e hoje está curado, reduza fortemente seu consumo de açúcar. E, caso tenha um câncer em evolução, fale com o seu médico e veja com ele se é possível parar completamente de consumir açúcares.

Ainda hoje você pode constatar que um bom número de patologias têm uma ligação com o consumo de glicídios. Infelizmente, e apesar do extremo sedentarismo humano atual, ainda insistem em nos pedir que consumemos muitos glicídios (55 a 60% de nossa alimentação cotidiana).

Cesta de compras do dia

Hoje proponho que você coloque gaspacho em sua cesta de compras. Trata-se de um prato da Andaluzia, que é metade sopa fria, metade suco de legumes. É uma verdadeira delícia, especialmente se você está fazendo a dieta no verão. **Mas seja prudente: há um pouco de óleo nessa receita**, pois os espanhóis o adoram. Então, não tome mais que uma tigela por hoje. Depois, você vai ter de esperar ao menos até depois de amanhã, o próximo dia PL.

Minha lista de compras

- Ovos
- Requeijão e cottage 0% de gordura
- Pepino
- Escalopes de peru
- Pó tandoori
- Vagens francesas, cogumelos
- Iogurtes 0% de gordura e sem açúcar
- Biscoitos de farelo de aveia Dukan sabor avelã
- Ingredientes para a receita de gaspacho express
- Couve-flor
- Bife de hambúrguer 5% de gordura
- Gelatina
- Leite desnatado

Sua receita de hoje

gaspacho express (PL)

Tempo de preparo **10 min**
Tempo de refrigeração **30 min**
Serve **2** pessoas

6 tomates maduros, retirando a semente
½ pimentão verde
½ pepino
1 chalota cinza ou 1 cebola pequena cortada ao meio
1 dente de alho inteiro
2 colheres (café) de azeite
½ colher (café) de vinagre balsâmico
Pimenta Tabasco ou caiena (a gosto)
1 colher (café) de stévia
Sal, pimenta-do-reino a gosto
200ml de água

Esta receita contém a dose de azeite diária autorizada.

1. Coloque todos os ingredientes previamente cortados em um liqui-dificador.
2. Ligue o aparelho em velocidade baixa e termine em velocidade alta. Se estiver com pressa, leve à geladeira por 30 minutos. Caso contrário, deixe o máximo de tempo possível na geladeira.

Meu diário pessoal

Já tem um bom tempo que começamos juntos a nossa jornada. Você deve ter notado que sei muitas coisas a seu respeito. É este velho fundo de experiência e de empatia que desenvolvi em mais de quarenta anos de prática cotidiana. Podemos ter 5, 10, 20 ou 50kg a perder: há sempre uma relação entre o peso e a comida que encontramos de maneira quase idêntica em todos esses seres comoventes dos quais aprendi a gostar e aos quais me apeguei. Se lhe digo isso, é para que você confie em mim... e para que venha escrever o que sente neste diário. Acredite em mim, escrever faz muito sentido. Então, escreva todos os dias.

Fase de cruzeiro · PP · Dia 32

Dia 32
da minha dieta Dukan

Meu peso inicial:	Meu peso atual:	total de kg perdidos:
. . . .	. . . .	. . . .

Meu peso ideal:
. . . .

Panorama do seu 32º dia

Hoje, dia de proteínas puras. Sinal verde para a carne, o peixe, os frutos do mar, as aves, os ovos, os presuntos, a vitela ou o peito de peru, os laticínios magros e o tofu. Você tem muitas opções, aproveite para sair dos alimentos que costuma escolher.

Seu ambiente de saúde

Hoje vou evocar **duas reflexões vindas de meus pacientes.** Elas me divertiram e me interessaram.

Um dia, um açougueiro de cerca de 50 anos e em processo de emagrecimento me disse: "Doutor, quando comecei a engordar, tinha a impressão de ter um bezerrinho nas costas e, depois, com o tempo, ganhei 40kg e vivi, sem me dar conta, com um boi nas costas! Desde que emagreci, ainda continuo me perguntando como pude tolerar um peso tão grande sobre mim durante tanto tempo."

A outra reflexão é a de um engenheiro alemão. Ele me disse: "O senhor sabe como temos orgulho da qualidade de nossos carros na Alemanha. Mas se, por exemplo, o senhor pegar duas Mercedes novas em folha e der a primeira a alguém solteiro e a outra a uma família com três filhos... Cinco anos depois, se fizer um controle técnico, vai ter duas fichas de exame extremamente diferentes! Imagine os pneus, os freios, a embreagem, o motor, o estado exterior e interior. Tudo será diferente."

A mesma coisa acontece com dois homens que têm 10kg de diferença: ao cabo de vinte anos seus saldos de saúde vão ser muito diferentes!

Sua motivação

Eis que estamos de volta a esta coluna consagrada à motivação. Ontem nos despedimos falando sobre o duo "cérebro reptiliano/cérebro mamífero": conjunto que compõe o que hoje chamamos de "velho cérebro". Nesse momento da evolução estamos a **200 mil anos antes da aparição do homem: o que chamamos de motivação passa a existir, pois a decisão não é mais um ato de reflexo, como o era para o réptil.**

Doravante, a motivação vem de um permanente compromisso entre os interesses dos dois cérebros. O primeiro quer e segue aquilo que seus instintos ditam, o segundo navega entre o prazer e o desprazer, guiado por sua memória dos bons e maus encontros.

Graças à evolução, você e eu tivemos acesso ao terceiro cérebro, o cérebro racional e consciente. Mas se esquecêssemos esse cérebro por um instante e tentássemos imaginar como nos comportaríamos sem ele, nossas decisões se pareceriam com as de um cão ou de um rato: **uma permanente arbitragem entre a urgência de sobreviver e a necessidade de ter prazer. Simples, não é?**

Pois bem, se você pensar bem... ainda estamos nessa, mesmo 200 mil anos depois! **Quando você faz minha dieta, seu cérebro reptiliano lhe pede para comer assim que você sente fome e tudo que você tem nas mãos,** com uma preferência pelo que está inscrito no registro natural do patrimônio alimentar do homem.

Mas o seu cérebro mamífero fará a diferença entre aquilo que não conhece e o que já experimentou. Ele também saberá diferenciar aquilo que adorou, que amou, que tolerou ou detestou. Ao fim desse confronto duas forças se conjugarão para adotar a escolha mais forte.

Se você tivesse apenas esses dois cérebros, a palavra "dieta" não existiria: não existe nenhum outro animal no mundo que já tenha feito dieta, isso é algo que chega a ser inimaginável. A única coisa que faz com que você consiga imaginar uma dieta é o terceiro cérebro, o consciente: ele, e apenas ele, consegue entender que o excesso de carga pode ter repercussões na vida, na saúde, na sexualidade, na atividade física, na autoestima...

Minha mensagem de apoio para você

Passei muito tempo com você ao longo dos últimos dias. Descrevi o que acontece com seu corpo quando você o alimenta com comidas muito ricas em glicídios. Quanto a você, poderia contestar que os glicídios são, no entanto, mais que aconselháveis em uma alimentação! E você teria razão: **as preconizações oficiais recomendam que sejam atribuídos aos glicídios entre 55 e 60% de nossa alimentação cotidiana. É estranho, mas é assim.** *Essa é, a propósito, uma das maiores dificuldades que encontro no estabilishment da nutrição, que sabe, pertinentemente — que não poderia não saber —, que o açúcar é um inimigo que o homem moderno deve temer.*

Os estudiosos do diabetes não deixam de clamar esta evidência: existem 3,5 milhões de diabéticos na França, e esse número dobrou em dez anos. A epidemia do diabetes está relacionada ao sobrepeso, de forma tal que os especialistas agora falam em "diabesidade"! Em 1950, cerca de 65 anos atrás, não existia epidemia de sobrepeso, nem de diabetes. Depois da guerra e de suas restrições, as autoridades sanitárias recomendaram que se atribuísse aos glicídios uma posição central na alimentação humana, fixando esses famosos 55 a 60% da ração cotidiana.

Progressivamente, um grupo de pessoas com sobrepeso apareceu na população (e a mesma coisa para os diabéticos). Esses grupos cresceram ao ponto de se tornarem preocupantes e "endêmicos". Em países como os Estados Unidos ou o México, a diabesidade é, atualmente, uma verdadeira calamidade, responsável por 1 milhão de mortes por ano. Enquanto isso, com a ajuda do progresso e da tecnologia, a atividade física diminuiu drasticamente: os ocidentais se tornaram grandes sedentários.

Diante de tal situação, que é uma verdadeira hecatombe, o que o estabilishment *da nutrição fez?* **Nada!** *Apesar da epidemia do sobrepeso e da obesidade, apesar do sedentarismo e, principalmente, apesar da avalanche de pesquisas que provam que, com essa dose, os glicídios são perigosos, a OMS não se mexeu.* **E as recomendações não mudam: ainda são de 55 a 60% de glicídios... Isso é demais!**
É exatamente contra isso que luto: contra essa perigosa persistência. *Compreendo perfeitamente que estou lidando com gente muito mais poderosa que eu. Desse modo, é do outro lado da corda que me posiciono, do lado daquele que sofre os prejuízos:* **é a VOCÊ que me dirijo.** *Quando tiver terminado esta dieta, quando tiver chegado ao seu Peso Ideal e se estabilizado nele, continue a desconfiar dos glicídios.* **Desconfiar deles não significa se proibir de consumi-los, mas saber que eles não lhe são favoráveis:** *não fomos feitos para consumir tais alimentos em grande quantidade. Até amanhã.*

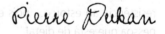

"Escapadas" da dieta

Já falamos muito e com frequência sobre a noção das escapadas da dieta, inevitáveis obstáculos no seu trajeto de emagrecimento. Hoje eu gostaria de lhe dizer que não é mais o momento para sair da dieta. A data fatídica se aproxima. Nosso objetivo de **perder 10kg não é algo sem importância na vida de um ser humano.** Eu chegaria até mesmo a dizer que esse emagrecimento vai mudar sua vida. Quando digo "vida" **falo do projeto de vida.** Já que nos restam apenas vinte dias de verdadeiro combate, vamos nos fixar um novo objetivo: nada de sair da dieta ou, em todo caso, não hoje.

Sua atividade física

Ontem eu lhe propus um teste de resistência ao esforço (com a medição do pulso antes e depois do esforço). Se você fez esse exercício, espero que tenha percebido que faz parte das pessoas com boa resistência ao esforço... pois é uma vantagem importante para toda pessoa que está de dieta!

Ser resistente não é apenas ser capaz de fazer um esforço físico. É também ter força de vontade, resistir à tentação, criar meios de atingir um objetivo. Se você não tiver essa resistência, pode, ao menos, desenvolvê-la. Você vai aumentá-la graças à atividade física e, muito rapidamente, vai ficar surpreso ao constatar até que ponto as fronteiras entre o físico e o mental são frágeis.

Os esforços físicos e psíquicos formam um todo. A grandeza do homem se desdobra apenas quando existe uma energia subjacente, capaz de unir o corpo e a mente. Um grande matemático, um grande escritor ou um grande ator precisam de energia e resistência física para exprimir seu talento — e mesmo, pura e simplesmente, para fazê-lo funcionar.

Para conseguir emagrecer também é preciso ter energia e resistência. Então, caminhe, nade, dance, cante, suba... mas nunca deixe seu corpo parado.

Exercício do dia

■ **Jovem e ativo:** Hoje faremos cinquenta abdominais e 18 agachamentos.

■ **Mais de 50 anos e sedentário:** Hoje vamos manter 22 abdominais e 11 agachamentos.

Cesta de compras do dia

Hoje concentre todas as atenções no peixe-espada, um peixe caro, mas muito menos caro quando congelado; como todos os peixes semigordurosos, suporta muito bem o congelamento. É um "peixe carnudo" que, assim como o atum e o cação, tem uma carne bem firme e com uma textura próxima à da carne vermelha. Escolha um pedaço gorduroso: os lipídios dos peixes são ricos em ômega 3, que têm propriedades medicinais muito interessantes.

Minha lista de compras
- Ovos
- Presunto magro
- Ricota light
- Camarão VG, moluscos, peixe branco magro
- Iogurtes 0% de gordura e sem açúcar
- Barras de farelo de aveia Dukan sabor chocolate
- Chá verde
- Tofu cremoso
- Ágar-ágar
- Aroma de baunilha

Sua receita de hoje

Espetinhos de Espadarte (PP)

Tempo de preparo **5 min**
Tempo de cozimento **8 min**
Tempo de marinada **2 horas**
Serve **4** pessoas

4 colheres (café) de azeite
Suco de 1 limão
1 colher (sopa) de molho shoyu
1 dente de alho picado em pedaços pequenos
1 colher (sopa) de coentro fresco picado
1 colher (café) de cominho
Sal, pimenta-do-reino moída a gosto
600g de peixe branco magro (cherne ou robalo) em postas

Esta receita contém a dose de azeite diária autorizada.

1. Prepare a marinada, misturando o azeite, o suco de limão, o molho shoyu, o alho, o coentro picado e o cominho. Adicione pimenta-do--reino e sal.
2. Corte o peixe em pequenos cubos, de cerca de 3cm, e embeba os cubos na marinada. Cubra com filme plástico e leve à geladeira por pelo menos 2 horas, virando o peixe de vez em quando.
3. Preaqueça sua grelha ou churrasqueira.
4. Retire o peixe da marinada e escorra cuidadosamente. Coloque os cubos de peixe em palitos e cozinhe durante 6 a 8 minutos, virando os espetinhos até que fiquem macios por dentro e dourados por fora.

Meu diário pessoal

Eis o que gostaria que você fizesse hoje: **tente reler tudo que escreveu até hoje nesta coluna de diário.** Com um lápis ou um marcador de texto, sublinhe tudo que, ao reler, lhe pareça ter um sentido mais forte que o resto, algo que lhe chame a atenção. Reúna tudo e envie-me, você tem meu endereço de e-mail... Mas seja gentil, guarde para mim apenas o que lhe serviu e pode servir aos outros.

Fase de cruzeiro • PL • Dia 33

Dia 33

da minha dieta Dukan

> *Meu* peso inicial:
> ....

> *Meu* peso atual:
> ....

> total de kg perdidos:
> ....

> *Meu* peso ideal:
> ....

Panorama do seu 33º dia

Dia de comer legumes, aproveite. Hoje eu lhe proponho um prato que, pessoalmente, adoro... mesmo estando certo de que alguns vão dar gritos de pavor! Vou tentar mesmo assim: cebola grelhada. Você deve comprar cebolas de bom tamanho. Em seguida, deve cortá-las em fatias grossas de ½ centímetro de espessura e, em uma chapa (ou, caso não tenha, em uma frigideira com um pouco de óleo espalhado com papel-toalha), cozinhar em fogo alto, para caramelizar a superfície e, depois, em fogo mais brando, para torná-las mais macias e fazer com que percam seu sabor mais forte. Experimente, você vai ficar surpreso com o resultado.

Seu ambiente de saúde

Hoje vamos falar um pouco sobre suas articulações. Não sei qual é a sua idade, mas sei, por experiência, que qualquer pessoa com excesso de peso terá problemas de articulação. De quais articulações se trata?

As primeiras são as vértebras, principalmente se você não for musculoso. Sua coluna vertebral é composta por muitas dezenas de vértebras, da primeira cervical (o atlas, sobre o qual a cabeça repousa, como a bola do bilboquê), até a última lombar, que fica sobre o sacro. Entre duas vértebras há um disco que é uma espécie de amortecedor. No meio do disco apresenta-se um bolso de líquido viscoso, contornado por uma sucessão de camadas de tecido resistente, que lembra a estrutura de uma cebola. Quando tropeçamos, o choque é retransmitido à coluna vertebral e a todos os discos intervertebrais.

Certos discos são mais vulneráveis que outros: é o caso das cervicais e, principalmente, das lombares, que têm, de certa forma, o papel das dobradiças de uma porta (entre a parte de baixo e a parte de cima do corpo). Nesse estágio, a porta é particularmente pesada. Quando as últimas lombares sofrem choques, a beliscadura do disco intervertebral causa lumbagos ou ciáticos. À medida que é sobrecarregada, a lombar também pode fazer surgir uma hérnia de disco muito dolorosa. Não estar com sobrepeso é, portanto, forçar menos a lombar.

Minha mensagem de apoio para você

Achei que tinha acabado de falar sobre os glicídios... Mas gostaria de adicionar dois elementos a esta longa apresentação de extrema importância para o futuro do seu peso e de sua saúde.

O primeiro elemento diz respeito ao argumento do preço dos alimentos. Sim, os glicídios são alimentos baratos quando os trazemos ao custo das calorias. Sim, as massas, o arroz, o açúcar, as pizzas, a sêmola e a maioria dos glicídios de base são muito econômicos. Mas o que dizer sobre os glicídios que a indústria refinou, ao ponto de, nesses alimentos — que são, no entanto, de origem vegetal —, já não restar qualquer traço de estrutura vegetal? As farinhas brancas ou os biscoitos cujas qualidades se vangloriam tanto na televisão são desertos nutricionais! Não existe mais qualquer vitamina ou sal mineral nesses alimentos. Esses produtos, repletos de glicídios — de 70 a 80% — fazem com que paguemos muito caro no que trazem de açúcar e farinha. Logo, o argumento do preço é enviesado... Cheios de açúcares ultrarrápidos, geradores de sobrepeso e diabetes, esses produtos lhe dão pouco pelo preço pago.

O segundo elemento diz respeito ao poder de criação de dependência dos glicídios. As pessoas, em geral, gostam muito de pão, massas ou batata. No entanto, se tratando de açúcares rápidos como as balas, o mel, guloseimas diversas, sorvetes, bolos, pastas.... caímos, necessariamente, na dependência, que ultrapassa a simples atração natural. Inúmeros neurocientistas mostraram que esses 'açúcares de penetração ultrarrápida' exercem uma ação poderosa no cérebro, ação próxima à das drogas.

Se você fizer uma pesquisa com pessoas bulímicas ou pessoas que costumam beliscar na madrugada, notará que são esses os alimentos que elas mais usam para satisfazer seus desejos súbitos de comida.

Se lhe interessar, veja o programa da Elise Lucet ("Cash investigation", junho de 2012) sobre os conflitos de interesses entre médicos ditos "nutricionistas" e a indústria das guloseimas.

Nesse programa você vai ver ratos que foram drogados com heroína durante 15 dias. No 16°, os ratos drogados foram expostos à escolha entre heroína e... água com açúcar. **Você vai vê-los desdenhar a pior das drogas pesadas para se voltarem a uma mera água açucarada!**

Corra para ver a experiência realizada pelo CNRS; depois disso tenho certeza de que verá o açúcar com outros olhos. E, assim, finalmente, encerro o assunto sobre os açúcares e os glicídios.

Até amanhã.

Pierre Dukan

Sua atividade física

Não sei a que horas você abre este diário de bordo. Mas, caso seja de manhã, coloque na cabeça que, ao longo deste dia, vai ter de fazer, pelo menos, meia hora de caminhada. Se você for jovem e apressado, pode fazer apenas 20 minutos de jogging. Mas lembre-se que essa caminhada é algo necessário, contratualmente aceito e, acima de tudo, fundamentalmente ÚTIL à sua perda de peso. **Eu chegaria a dizer que é indispensável:** não a curto prazo, pois, mesmo sem se mexer, apostando na dieta, você pode continuar a perder peso. O **exercício físico é indispensável a médio e, sobretudo, a longo prazo:** sem atividade física, lhe faltaria alguma coisa de essencial para não engordar novamente.

É, também, algo de profundamente natural, pois nosso corpo foi feito para a atividade: ele precisa dela. Um corpo é igual a cerca de oitocentos músculos, ossos, tendões, articulações e ligamentos. São milhões de anos de evolução e melhoras progressivas até que se chegasse a você, esse majestoso conjunto.

É algo que você não pode ignorar, o corpo foi feito para se mexer. E, no seu caso, pode apostar que uma parte do seu sobrepeso se deve ao fato de você não ter respeitado essa regra do jogo. Então, hoje, onde quer que você esteja, não importa em que momento do dia, faça, ao seu corpo e a mim, a gentileza de caminhar. E sinta o prazer da caminhada.

Exercício do dia

- **Jovem e ativo:** Hoje faremos cinquenta abdominais e 18 agachamentos.
- **Mais de 50 anos e sedentário:** Hoje vamos fazer 22 abdominais e 11 agachamentos.

Sua motivação

Hoje, nesta sessão dedicada à motivação, gostaria de concluir minha **apresentação dos três cérebros.** Os dois primeiros já foram mais detalhados:

- **o cérebro reptiliano** é o piloto automático que governa sua fisiologia, seus instintos e sua sobrevivência;
- **o cérebro mamífero** gerencia sua vida emocional, suas ligações às coisas e às pessoas, sua memória, seus condicionamentos, preferências e obsessões (enfim, tudo que colore a visão em preto e branco do réptil).

Somos, hoje, compostos por essa junção réptil-mamífera que é, ao mesmo tempo, terrivelmente oposta e complementar.

Há 60 milhões de anos os primeiros primatas apareceram... entre eles, o que foi o ancestral comum do gorila, do chimpanzé e do homem. Um esboço do terceiro cérebro começou a surgir. Lentamente, ele se afinou para chegar a "você e eu", o *Homo sapiens sapiens*, há 200 mil anos. Desde então, nada mudou. Um recém-nascido de 200 mil anos adotado por parisienses modernos se desenvolveria mais ou menos como qualquer outro bebê. Bom, sei bem que este livro é um diário de bordo, com uma rota de 60 dias que deve levar você ao seu **Peso Ideal.**

Se eu tomo o tempo de explicar tudo isso, é porque **emagrecer também é algo a se aprender... Para recusar a violência dos dois cérebros primitivos é preciso que você entenda a força do terceiro cérebro:** racional, ele também tem algo a dizer. Os dois primeiros cérebros são apenas servomecanismos (mecanismos automáticos) que não têm vocação para tomar uma decisão não prevista por seu programa... mesmo que essa decisão possa lhes trazer benefícios a longo prazo. É justamente aí que intervém o terceiro cérebro, **o neocórtex,** do qual falarei um pouco mais amanhã...

"Escapadas" da dieta

Em um diário de bordo como este que você está seguindo, que tem como objetivo fazer com que você perca seu excesso de peso, falar de sair da dieta significa, na verdade, falar de NÃO sair da dieta. Você poderia, e com razão, me dizer que sair ocasionalmente da dieta não vai interromper seu percurso. Na teoria, você tem razão... Mas, **em seu lugar, eu não sairia da dieta. E isso por dois motivos.**

Antes, apesar da firmeza das regras a seguir, quase todos os meus pacientes saem algumas vezes da dieta em um mês (entre duas consultas). Apenas os robôs respeitam de maneira mecânica as ordens inscritas pelos engenheiros em seu programa. **O ser humano tem emoções, tentações, desejos. Fico muito feliz que você não seja um robô.** Isso confere ainda mais mérito ao nosso projeto em conjunto, a você, principalmente, que faz o trabalho, e a mim, que lhe mostro o caminho.

Por outro lado, mesmo que sair da dieta seja possível, pois somos seres humanos, acredito muito na importância da disciplina. É com ela que ganhamos guerras e nos educamos. Para que um percurso seja corretamente efetuado é necessário que as ordens sejam claras, sem ambiguidade. Aceitar sair da dieta seria colocar um caco de vidro em uma fruta... Então, para concluir: hoje, "nada de sair da dieta".

Cesta de compras do dia

Se for de seu gosto, hoje, **compre cenouras.** Dizem que as cenouras são açucaradas e que não se deve comê-las em uma dieta pobre em glicídios, ou que diabéticos não devem consumi-las. Talvez... Mas há POUQUÍSSIMOS glicídios na cenoura. Se for consumida crua, ralada e ocasionalmente, é um legume muito rico em caroteno, antioxidante muito benéfico para a pele.

Emagrecer é retirar a gordura de paredes inteiras dos territórios subcutâneos: esse esvaziamento, mecanicamente, afrouxa a pele que o encobre. Se você for jovem e dono de uma pele bem elástica, o excesso de pele vai se retrair, mas se não for o caso, um pouco de caroteno uma ou duas vezes por semana fará muito bem à sua dieta — e ajudará a pele distendida pela perda de peso a se regenerar.

Minha lista de compras

- Leite desnatado
- Alcachofras, cenouras
- Pepino, abobrinha
- Camarões
- Filé de frango
- Cottage 0% de gordura
- Queijo fresco 0% de gordura
- Ágar-ágar ou gelatina em pó sem sabor

Sua receita de hoje

Pudim de cenoura e coentro (PL)

> Tempo de preparo **10 min**
> Tempo de cozimento **20 min**
> Serve **2** pessoas

200g de cenoura
2 ovos
2 colheres (sopa) de requeijão 0% de gordura
60g de queijo ralado com 7% de gordura
Coentro, sal, pimenta-do-reino a gosto

(Esta receita tem um consumo máximo de 1 porção por pessoa.)

1. Lave, descasque e rale as cenouras bem finamente. Lave e pique o coentro.
2. Preaqueça seu forno a uma temperatura de 210°C.
3. Em um recipiente, bata os dois ovos e o requeijão, adicionando em seguida o queijo ralado. Tempere com sal e pimenta-do-reino.
4. Despeje a cenoura ralada e o coentro em duas forminhas e cubra com a mistura dos ovos. Cozinhe em banho-maria durante 20 minutos, sempre à mesma temperatura.

Meu diário pessoal

Hoje, tente encontrar o ponto mais interessante de todos os que você escreveu desde que usa este pequeno diário: um único, o mais forte, aquele que representa uma descoberta e o ajuda ainda agora, lendo e relendo...

Fase de cruzeiro · PP · Dia 34

Dia 34
da minha dieta Dukan

Meu peso inicial:
....

Meu peso atual:
....

total de kg perdidos:
....

Meu peso ideal:
....

Panorama do seu 34º dia

Nada de legumes hoje. Espero que ontem você tenha aproveitado bem e que os legumes não lhe façam falta hoje. No entanto, tente evitar limitar sua refeição do meio-dia aos clássicos kanis, presunto magro de peru ou frango, ovos cozidos, lata de atum sem óleo... Isso é perfeito, quando você não tem tempo para preparar comida, mas não deve se tornar um hábito.

Se você trabalha, pode, por exemplo, levar (à sua escolha): uma carne grelhada, uma coxa de frango, uma ou duas belas fatias de salmão defumado, uma panqueca de farelo de aveia, ovos mimosa, um escalope de peru empanado com farelo de aveia, almôndegas de carne moída, uma sobra do cozido da véspera...

Sua atividade física

Diante da atividade física existem duas posições bastante divididas.

Você ama se exercitar e precisa disso para sentir prazer. Nesse caso, existem fortes chances de que você seja esportivo e que não tenha muito peso a perder.

Você não gosta e se sente obrigado a praticar atividades físicas (até porque eu insisto muito). Sendo assim, você tem fortes chances de parar qualquer atividade quando tiver emagrecido... e, com isso, corre o risco de engordar novamente! É por esse motivo que lhe peço que pratique uma atividade física que seja o mais simples e natural possível. **O fundamento da minha recomendação é a caminhada:** 20 minutos em fase de ataque e 30 minutos em fase de cruzeiro (a fase que você está fazendo agora). Caminhe em qualquer lugar, a qualquer hora do dia ou da noite, vestido como quiser.

Além disso, também lhe peço que siga a evolução dos exercícios abdominais e de agachamento. De propósito, não pedi que você fizesse muitas repetições, pois procuro tornar esses exercícios o mais acessíveis e o menos enjoativos possível. **Gostaria de fazer com que você os aceite como um ritual ou um hábito que você vai guardar depois de emagrecer:** este será o seu maior trunfo para estabilizar o peso.

Exercício do dia

- ■ **Jovem e ativo:** Hoje faremos cinquenta abdominais e 18 agachamentos.
- ■ **Mais de 50 anos e sedentário:** Hoje vamos manter 22 abdominais e 11 agachamentos.

Minha mensagem de apoio para você

A cada dia que passa damos mais um passo em direção ao pódio! Estamos em nosso 40º dia de dieta. Existem boas chances de que você tenha perdido peso o suficiente para se sentir muito melhor com seu corpo. Você tem uma melhor imagem de si mesmo, uma moral melhor, sua saúde está melhor. Na realidade, **existem duas maneiras de se posicionar durante uma dieta.**

Primeiro caso: você vive a dieta como um combate entusiasmante, com garra para vencer; você atravessa sua dieta no comando de um trator que esmaga todas as resistências em sua passagem. Assim, você vai conseguir emagrecer rápido e, ao mesmo tempo, conservar energia suficiente para estabilizar seu peso no final.

Segunda hipótese: você sofre por fazer dieta como sofreu quando engordou... se esse é seu caso, você não está no caminho certo! Você corre o risco de se estafar, de se perder no caminho e de não mais ter motivação suficiente no momento crucial, no qual vai passar à fase de consolidação. A motivação é um combustível que se consome rapidamente caso não seja renovado. Se estiver nesse caso, entenda bem que eu NÃO POSSO ABANDONAR VOCÊ. Tenho um engajamento com você, e preciso ajudá-lo. Amanhã, se você estiver nessa situação, vou lhe dizer o que fazer para não abandonar o barco. Mas se, em vez disso, tudo estiver bem e você estiver conseguindo vencer, saiba que tem sorte: isso não acontece com todo mundo. Hoje, se você está tendo êxito, é porque a força está com você e o vento está em suas costas. Saiba, no entanto, que isso pode mudar: o vento muda de direção e qualquer *acidente de percurso, qualquer contrariedade da vida, pode torná-lo vulnerável.*

Cada quilo que você ganhou antes de começar esta dieta representava 9 mil calorias de prazer que você buscou na comida *para se acalmar (ou, de maneira mais ampla, para ajudá-lo a viver).*

Hoje, como você quer emagrecer, deve encontrar prazer em outras coisas. *A vida nos traz, às vezes, belos presentes que nos libertam da 'comida consoladora': amor, evolução profissional, sucessos de qualquer gênero... Desejo isso a você de todo o meu coração.*

Quanto a mim, proponho outro grande prazer que, sozinho, pode compensar a fuga na comida: é, pura e simplesmente, EMAGRECER. Controlar seu peso e desenvolver um projeto de vida sem os quilos a mais é algo muito benéfico.

Pierre Dukan

Seu ambiente de saúde

Ontem eu lhe disse que, se você está com sobrepeso, tem grandes chances de já ter sido confrontado com problemas de articulação. Falei sobre as vértebras e os quadris.

Hoje vou evocar os joelhos. Se você for jovem, pouco esportivo e tiver dor nos joelhos, isso só pode ser fruto de um acidente ou de uma queda (no esqui, no futebol ou de uma mobilete, por exemplo). Mas se já tiver passado dos 50 anos e for predisposto à artrose e, além disso, estiver com sobrepeso há muito tempo, você tem grandes chances de ter os joelhos lesados.

Os joelhos são os primeiros portadores do corpo: para você, se deslocar deve ser um sofrimento! Talvez você tenha, em breve, de fazer uma operação... Se restar um pouco de cartilagem entre o fêmur e a tíbia, preserve-a a todo custo! Um único milímetro basta para impedir que os ossos se toquem.

A melhor maneira de proteger essa cartilagem essencial é emagrecer. Não apenas um pouco, mas atingir seu Peso Ideal. Siga esse conselho e você não vai imaginar do que escapou!

Sua motivação

Ontem evoquei o terceiro cérebro: o cérebro que chamamos de humano, consciente, inteligente e racional, o que nos faz falar e escrever. Como esse cérebro nasceu? Os grandes macacos viviam muito bem sem tais performances!

Vou contar a você. Um acidente geológico derrubou o continente africano: foi um abalo sísmico de potência rara, uma espécie de grande golpe de sabre que partiu a base africana do norte ao sul. **O grande vale do Rift surgiu (ele divide o continente africano em dois). Toda nossa história começa lá,** nesse Rift que atravessa a exuberante floresta equatorial, nessa selva em que viviam os grandes macacos, entre os quais, nosso famoso ancestral...

Essa grande fratura criou no solo africano uma espécie de "degrau de escada", com uma parte alta e uma parte baixa. As nuvens, as chuvas e a umidade, "tropeçando" nesse desnível, acumularam-se na parte baixa, que se manteve em estado normal, povoada por macacos frugívoros.

A parte alta, privada de chuva, ressecou e tornou-se uma savana de mato alto. Nessa parte, os grandes macacos, entre os quais nosso famoso ancestral comum, foram obrigados a abandonar as árvores para viver na terra. A partir disso, o processo de hominização foi lançado.

A vida da mata alta obrigou os macacos a se tornarem mais eretos, para que fossem capazes de ver chegarem os perigos ou os alimentos. Foram os primeiros passos do futuro homem, o advento da estação bípede. As patas dianteiras se tornaram braços, e as mãos, liberadas do solo, começaram a interagir com o cérebro: o hominídeo teve a ideia de usar instrumentos, depois armas de pedra. Como a cabeça não precisava mais ser carregada pelos grandes músculos do pescoço, o cérebro se desenvolveu.

Para sobreviver era preciso se defender dos predadores e se alimentar de outros alimentos além das frutas. **Esses antigos macacos, outrora frugívoros, tornaram-se carnívoros.** Também deviam caçar e se proteger. Para tanto, tiveram de aprender a... se comunicar.

Foi assim que se acumulou todo um conjunto de pequenas mutações que levaram ao desenvolvimento da inteligência e da linguagem. As espécies humanoides evoluíram progressivamente para chegar até nós, a espécie mais evoluída: o *Homo sapiens*. O que se passou no cérebro durante essa longa viagem? Como se formou o terceiro e último cérebro? Como a união de três cérebros tão diferentes uns dos outros chegou a uma função comum e coerente? É o que vou lhe explicar amanhã.

"Escapadas" da dieta

Esta noção de escapada me opõe aos psiquiatras. A recusa da escapada (ou, ao menos, sua limitação) é um elemento essencial e reivindicado em minha dieta, em meu método e em minha filosofia. Seu discurso poderia ser o seguinte: *"Quero emagrecer, decido realizar este projeto. Tudo o que interrompe minha dieta, mesmo de maneira breve, cria uma brecha perigosa. Sim, ao tomar essa decisão eu sabia que devia romper com o modo de vida que me fez engordar. Sim, isso contraria o hábito de me voltar para a comida para obter prazer ou calma. Mas meu objetivo é de uma importância tão grande que reivindico o rigor da disciplina que a dieta exige."*

Os psiquiatras dizem que essa decisão representa uma prova traumática, que deixa a pessoa condenada a voltar ao peso perdido.

Refuto formalmente esse argumento. Ele talvez seja válido para certos pacientes de psiquiatria, frágeis, vulneráveis e sujeitos a eventuais distúrbios alimentares. Mas esses pacientes representam uma ínfima minoria da população: não são, de forma alguma, representativos dos 24 milhões de franceses com sobrepeso. Para os últimos, **emagrecer não é um traumatismo ou um sofrimento. É uma libertação, uma proeza, um esforço, certamente... mas extremamente valorizante e realizador.** Talvez exista uma facilidade hedonista para não resistir à tentação, mas há outra para vencer, ser mestre do próprio destino e ter êxito. Continuaremos amanhã... e por hoje, enquanto persistirem as dúvidas, não saia da dieta.

Cesta de compras do dia

E se, hoje, **você colocasse uma bela costela de vitela em sua cesta de compras?** É uma carne branca, mas bem molhadinha, com um sabor e uma textura agradáveis. Tente tirar a parte com gordura que envolve a costela da vitela. Tempere bem para que fique ainda mais gostosa!

Minha lista de compras

- Barras de farelo de aveia Dukan sabor chocolate
- Bresaola
- Escalopes de vitela ou peito de frango
- Fígado de galinha
- Coelho ou codorna
- Ovos
- Salsa
- Limões
- Aroma de manteiga
- Leite desnatado
- Requeijão 0% de gordura
- Iogurtes 0% de gordura e sem açúcar
- Gelatina

Sua receita de hoje

Escalopes de vitela à milanesa à moda Dukan (PP)

Tempo de preparo **10 min**
Tempo de cozimento **20 min**
Serve **2** pessoas

2 escalopes de vitela
1 ovo
2 gotas de aroma de manteiga (facultativo)
4 colheres (sopa) de farelo de aveia

2 colheres (sopa) de farelo de trigo
2 colheres (café) de salsa picada
1 suco de limão
Sal, pimenta-do-reino a gosto

1. Recubra os escalopes de vitela com filme plástico e achate-os com a ajuda de um amaciante de carne ou um rolo de massas.
2. Bata o ovo e misture com o aroma de manteiga.
3. Misture o farelo de aveia e o farelo de trigo e disponha em um prato.
4. Embeba os escalopes de vitela no ovo, depois passe cada face no prato dos farelos para fazer um empanado.
5. Com algumas gotas de óleo, unte uma frigideira antiaderente, com a ajuda de papel-toalha. Esquente a frigideira e frite os escalopes empanados de cada lado, até que fiquem dourados.
6. No final do cozimento, tempere com sal, pimenta-do-reino e salpique com salsa picada. Sirva com um pouco de suco de limão.

Meu diário pessoal

Escrever é criar, é transformar seu papel em testemunha e conservar a memória do que lhe aconteceu de notável, bom ou ruim. Seu diário é uma testemunha. É meu aliado, pois sei o quanto ele pode ajudá-lo. Espero que você faça parte dos 79% das pessoas que o usam. E posso lhe dizer, ainda no âmbito das estatísticas, que os que usam o diário emagrecem mais, mais rapidamente e se estabilizam melhor.

Fase de cruzeiro · PL · Dia 35

Dia 35
da minha dieta Dukan

Meu peso inicial:	Meu peso atual:	total de kg perdidos:
....	....	....

Meu peso ideal:
....

Panorama do seu 35º dia

Hoje você tem o direito de comer todos os legumes! Você deve aproveitar ao máximo Na hora do almoço, saladas, saladas e saladas: de todos os tipos e, se possível, compostas, misturadas (alface crespa, alface lisa, escarola, endívias, rúcula, folhas de espinafre...). Não esqueça do vinagre balsâmico, do atum em lata, sem óleo, do salmão defumado, do kani... e, claro, você pode comê-los com qualquer uma das carnes ou peixes que mais lhe abrirem o apetite. E você pode terminar sua refeição com um laticínio magro. Na hora do jantar, pense nas sopas!

Seu ambiente de saúde

Ontem, falando dos seus joelhos, usei um argumento que sempre uso com meus pacientes. Eu lhe disse que, emagrecendo (e, evidentemente, estabilizando seu peso fixo e obtido), **"você nunca vai saber do que escapou"...** Deixe-me explicar. Tomemos um exemplo. Você tem 45 anos, mede 1,65m e pesa 95kg. É apenas um exemplo, mas é algo palpável. Você emagrece e atinge os 70kg ao cabo de seis meses. Você segue, em seguida, as fases de consolidação e, depois, de estabilização (as duas últimas fases do meu método).

O que eu posso lhe dizer é que, desse jeito, **você muda a trajetória da sua vida.** Existem fortes chances de que, com esse novo peso, se for adquirido definitivamente, você escape de toda uma série de sintomas e doenças, da sua inevitável ressonância na qualidade de vida e da perda de vontade de viver que a acompanha.

Com ainda mais certeza, sua esperança de vida pura e simplesmente sua esperança de vida com uma boa saúde vão aumentar ainda mais. Escute bem o que lhe digo: você vai viver mais tempo e em melhor estado. **Francamente, você conhece algo de mais precioso que a vida?**

Sua atividade física

Hoje não vou me limitar ao mero conselho de incentivá-lo a se mexer e usar seu corpo. Vou lhe prescrever alguma coisa, como faço com meus pacientes. Então, vamos lá! **Vou pegar uma receita médica e escrevê-la de meu próprio punho:** "30 minutos de caminhada por dia: ou de uma vez só, ou fragmentados em dois períodos de 15 minutos." E isso não o dispensa dos exercícios abdominais e de agachamento! Quando se mexer, **toque seus músculos durante o esforço**, ou imediatamente depois: você vai senti-los mais firmes e tonificados, mais presentes, mais vivos. É uma sensação muito gratificante, que pode incentivá-lo a fazer um pouco mais para prolongar a satisfação. Experimente.

Exercício do dia

■ **Jovem e ativo:** Hoje faremos cinquenta abdominais e 18 agachamentos.

■ **Mais de 50 anos e sedentário:** Hoje vamos manter 22 abdominais e 11 agachamentos.

Minha mensagem de apoio para você

Ontem, eu lhe disse que existem duas maneiras de se posicionar durante uma dieta. **Ou você tem uma motivação forte** *e vai conseguir emagrecer rapidamente, conservando energia suficiente para estabilizar seu peso,* **ou sua motivação é fraca** *e você sofre fazendo dieta como sofreu quando engordou. Se estiver no segundo caso, é preciso reforçar sua motivação. Para tanto você deve passar a ter consciência de tudo que vai ganhar quando emagrecer... pois emagrecer por emagrecer está fora de questão.*

Pense na sua imagem. *Atribuímos tanta importância às imagens: por que a sua não seria importante também? Olhe-se no espelho e tente se lembrar do corpo que tinha antes de começar a dieta. Contraia seus músculos para vê-los aparecerem e diga a si mesmo que faltam ainda vinte dias para ir mais longe, para secar sua barriga, para ver as gordurinhas desaparecerem dia após dia. Seus braços, suas coxas, suas pernas, seus glúteos: tudo já reflete uma outra imagem.*

Pense, também, no olhar dos outros. *O que você percebe em si mesmo pode ser visto por seus próximos, seus amigos, seus colegas de trabalho e por todos que você não conhece. Isso é válido para todos, não importa a idade.* **Certos leitores poderiam me dizer que não se importam com sua imagem.** *Não acredito nisso: somos todos dependentes de nossa imagem. Isso não quer dizer, de forma alguma, ser superficial ou fútil, é uma questão de identidade.*

Emagrecer também vai ajudá-lo a viver melhor em seu cotidiano. Você vai sentir mais bem-estar. Ao emagrecer, paramos de ficar ofegantes subindo escadas, transpiramos menos, amar-

ramos o cadarço com mais facilidade, não precisamos mais afrouxar o cinto ao final de uma refeição, dormimos melhor (muito melhor, pois o sobrepeso incha as mucosas nasais e nos faz roncar).

A perda de peso também reduz consideravelmente o número de apneias do sono, quando estamos sujeitos a elas. Contemple esse conjunto de fatos positivos. Estou começando a ficar sem espaço... continuo amanhã.

Pierre Dukan

"Escapadas" da dieta

Voltemos ao profundo desacordo que me opõe aos psiquiatras a respeito de uma dieta. Se estamos juntos hoje é porque, depois de ter ganhado peso, você decidiu emagrecer.

Analisemos, por um instante, esse sistema de fluxo e refluxo de peso. **Engordamos, em geral, para compensar um fundo de insatisfação.** Um ganho de peso que, a princípio, é tolerável, acaba se instalando completamente. Progressivamente, torna-se um mal-estar e, depois, um sofrimento. **Chega, enfim, o momento em que o sobrepeso se torna intolerável:** o sofrimento causado é superior ao sofrimento inicial, que o fazia comer para acalmar suas frustrações. **Assim, mecanicamente, cria-se a vontade de emagrecer:** eis que você está decidido a fazê-lo.

O que os psiquiatras parecem não entender é que **você é a pessoa mais bem-colocada para saber o que é o melhor para si.** Você engordou e tem vontade de emagrecer. **Apenas você conhece o imenso prazer que podemos sentir ao emagrecer, quando decidimos fazê-lo.** Existem homens que atravessaram o Atlântico remando, outros escalaram o Himalaia: todos eles sofreram infinitamente, mas chegaram lá e, desse modo, deram sentido às suas vidas.

Foi nessa direção que construí meu método: **sei que não podemos construir algo de forte e durável sem essa imensa satisfação do êxito, do controle, da valorização do esforço.** É bom que você saiba disto. É a única maneira de conseguir realizar seu projeto. Nenhum animal jamais se privou de comida para perder peso.

Apenas o ser humano é capaz de recusar o prazer imediato de um alimento para ter um outro prazer, projetado e diferenciado. Que esta reflexão lhe dê forças para evitar a tentação de sair da dieta hoje!

Sua motivação

Ontem lhe apresentei o terceiro cérebro. Contei como ele apareceu ao longo da evolução das espécies. **Agora, gostaria de lhe ensinar**

como usá-lo melhor. Na verdade, gostaria que você conduzisse da melhor maneira possível a junção de seus três cérebros.

Entre o último dos grandes macacos e o primeiro dos homens, surgiu a consciência refletida, um novo nível de funcionamento da vida. Antes disso, os animais certamente tinham uma consciência presente: um cachorro pensa e age em sua vida. **Mas o homem tem algo a mais: ele é consciente do fato de ser consciente, e isso muda tudo.** Além disso, o homem fala: isso modifica fundamentalmente sua relação com os outros. Enfim, o homem escreve: isso lhe permite conservar traços do que não pode reter.

Em contrapartida, esse cérebro consciente ignora o que é decidido entre os dois outros cérebros, que funcionam de modo inconsciente. Ora, é precisamente nesses dois cérebros primitivos que as decisões essenciais, ligadas à sobrevivência, são tomadas. Então, você vai me dizer: "Para que serve esse monumento de consciência e de intelecto?" E eu lhe digo: para tornar a ação eficaz.

Eis como o terceiro cérebro agiu ao longo das eras... **Agir de maneira eficaz é domesticar seu ambiente. A ciência e a tecnologia instauraram o progresso.** A pedra talhada, a flecha, a roda, mais tarde a abundância alimentar, o desaparecimento da dificuldade das tarefas, os medicamentos... Infelizmente, os novos medicamentos curam tanto e tão bem que a expectativa de vida aumenta, mas novas doenças aparecem (ligadas à idade, ao desgaste, à senilidade: câncer, Alzheimer, diabetes etc.).

Quanto aos alimentos, você é mais indicado para falar a respeito do que eu! Você sabe muito bem que existem diversos novos alimentos e que eles despertam a nossa curiosidade para além de nossas necessidades biológicas e nutricionais. Finalmente, a erradicação do esforço nos desliga de nosso corpo. Uma oferta alimentar exagerada e a erradicação total do esforço explicam, em grande parte, a epidemia do sobrepeso.

Todavia, como um em cada dois adultos escapa disso, eis outra pergunta: **por que certas pessoas — entre elas, você — comem além de suas necessidades biológicas... e outras**, que estão submetidas ao mesmo ambiente cultural, não o fazem? Bem, estou vendo que vou ultrapassar meu limite de fala aqui. Nos encontramos amanhã para continuar o assunto...

Cesta de compras do dia

Hoje, todas as atenções concentradas no espinafre. Compre espinafre fresco. Se quiser consumir à moda americana, crus como uma salada, compre fresco, evidentemente. O gosto e a consistência do espinafre é bastante peculiar. Se gostar desse legume, saiba que é uma excelente escolha, pois é crocante e muito gostoso. Evite cortar muito o caule, pois é cheio de uma seiva densa e de uma textura crocante. Cozidos, os espinafres perdem esse sabor e passam a ter uma consistência mole e ligeiramente amarga, que você poderá abrandar com creme de leite light, muitos condimentos e um pouco de especiarias, como gengibre ou coentro. Para aproveitar esse alimento ao máximo, saiba que ele é rico em ferro!

Minha lista de compras

- Pão de forma Dukan (caseiro)
- Requeijão e cottage 0% de gordura
- Beterrabas, legumes crus sortidos
- Purê de aipo-rábano
- Shiratakis
- Pudim ou flan zero
- Iogurtes aromatizados 0% de gordura e sem açúcar
- Biscoitos de farelo de aveia sabor coco
- Presunto magro
- Manjericão, salsa
- Queijo ralado com 7% de gordura
- Espinafre
- Codorna ou peito de frango
- Presunto magro
- Ovos

Sua receita de hoje

Shiratakis com queijo e espinafre (PL)

Tempo de preparo **10 min**
Tempo de cozimento **15 min**
Serve **4** pessoas

3 pacotes de shiratakis
200g de espinafre (congelado, de preferência)

4 ovos

1 colher (sopa) de manjericão picado

1 colher (sopa) de salsa picada

2 gotas de aroma de manteiga

120g de queijo ralado com 7% de gordura

Sal, pimenta-do-reino a gosto

(Esta receita tem um consumo máximo de 1 porção por pessoa.)

1. Escorra os shiratakis e lave-os bem com água corrente. Cozinhe-os durante 2 minutos em uma panela cheia de água fervente, depois lave novamente e escorra.
2. Disponha o espinafre em um refratário e cozinhe durante 5 minutos ou descongele-os em uma panela em fogo brando. Reserve. Quebre os ovos em um recipiente e adicione as ervas, temperando também com o sal, a pimenta-do-reino e o aroma de manteiga.
3. Preaqueça o forno a uma temperatura de 210°C.
4. Despeje tudo em uma forma retangular de silicone e salpique o queijo ralado com 7% de gordura, levando ao forno por 15 minutos.
5. Retire a forma do forno e divida os shiratakis em quatro pratos para servir.

Meu diário pessoal

Eis que estou aqui, no seu espaço, em que nada tenho para fazer a não ser lembrá-lo que é de extrema importância escrever em seu diário todos os dias e falar sobre o que o regime provoca na sua vida. Escreva como você o vive: os traços deixados, as lições tiradas. Exemplo: "Hoje, pela primeira vez, vi aparecerem minhas costelas na parte debaixo do meu tórax." Ou então: "Ao subir as escadas, senti que a contração de minhas coxas me dava uma nova e agradável sensação de tônus — e não mais o cansaço muscular que eu costumava sentir a cada passo." Não fui eu quem inventou esse exemplo: ele me foi comunicado por uma paciente. É isso. Pode haver muitas outras sensações e reflexões interessantes para se escrever. Até amanhã.

Semana 7
da minha dieta Dukan

Minha "estratégia de felicidade"

Da necessidade de se pertencer a um grupo
Comer preserva o indivíduo. Reproduzir-se preserva a espécie. Pertencer a um grupo preserva a sociedade. Isso mostra o quanto a necessidade é forte... assim como a recompensa que vem dela. Os grandes macacos próximos do homem (chimpanzés, gorilas e orangotangos) vivem em grupos em que o número de indivíduos é geneticamente programado para ser o mais adaptado possível à felicidade de cada um.

Para o homem, esse número varia entre cinquenta e cem. Hoje, nossas sociedades são calculadas em dezenas de milhões. A necessidade ainda esta lá... mas é pouco satisfeita: nosso pertencimento ao grupo, na maioria das vezes, tem mais a ver com a gregarismo do que com o verdadeiro pertencimento (que vislumbramos nos grandes amontoados coletivos e nas inúmeras tribos constituídas à distância... no Facebook, por exemplo!). Mídias, tendências e redes sociais solicitam você. Mas é de amigos, relações reais, parentes, familiaridade, ajuda mútua, rostos, empatia e proximidade afetiva que você precisa para ser feliz.

Autoavaliação:

☐ Sou muito sensível a isso

☐ Talvez seja uma solução

☐ Não preciso pertencer a um grupo

O segredo da semana: o segredo do G.A.T.

Com o G.A.T. você vai poder queimar calorias em qualquer lugar ou qualquer situação e, particularmente, se costuma trabalhar sentado. **G.A.T. quer dizer Glúteos, Abdominais e Tríceps.**

Os glúteos: sentado em sua cadeira de escritório, contraia os glúteos durante seis segundos consecutivos e repita por mais dez vezes. Meia hora mais tarde, recomece, para não permitir que seus glúteos se achatem em seu assento durante muito tempo. A imobilização em compressão amolece muito rapidamente esse grande músculo, que assegura a postura de seus glúteos. **Os abdominais:** sentado, mentalize seu cinto abdominal e contraia-o sem mexer seu tronco. Mantenha a posição durante seis segundos e recomece a operação por mais dez vezes seguidas. Como o exercício anterior, você pode refazer este de meia em meia hora. **Os tríceps:** sentado, com os braços dobrados e as palmas apoiadas nos braços da cadeira, empurre a palma de suas mãos para esticar os braços até levantar seu corpo do assento; desça lentamente. Tente fazer esse movimento dez vezes e recomece de meia em meia hora. No total, trinta movimentos que duram apenas 1 minuto, mas que consomem muita energia.

Minhas medidas esta semana

Circunferência peitoral:	Circunferência da cintura:	Circunferência dos quadris:	Circunferência das duas coxas:
. . . .	. . . .	. . . .	. . . .

Sugestões de cardápios para a semana

		Meu café da manhã	*Meu* almoço	*Meu* lanche	*Meu* jantar
SEGUNDA- -FEIRA	PP	Bebida quente 1 panqueca de farelo de aveia Requeijão 0% de gordura	Bresaola **Fraldinha com molho de chalota à moda Dukan** Queijo frescal 0% de gordura 1 iogurte 0% de gordura sabor coco	Queijo frescal 0% de gordura	Camarões cinza Bacalhau fresco ao molho de mostarda Flan de caramelo Dr. Dukan
TERÇA- -FEIRA	PL	Bebida quente 30g de pepitas de farelo de aveia sabor caramelo Leite desnatado Iogurte 0% de gordura	Salada de endívias Posta de salmão com azedinha Espinafre 1 iogurte 0% de gordura sem açúcar	1 biscoito de farelo de aveia Dukan sabor coco 1 iogurte 0% de gordura sem açúcar com essência de baunilha	Salada chinesa crocante de soja **Shiratakis com abóbora e cogumelos** Geleia de aroma de frutas
QUARTA- -FEIRA	PP	Bebida quente 1 panqueca de farelo de aveia com cacau sem açúcar 1 omelete de claras com ervas finas Cottage 0% de gordura	Sardinha em lata (sem óleo) **Kibe de forno** Ricota light	Iogurte de frutas 0% de gordura e sem açúcar 1 biscoito de farelo de aveia Dukan sabor avelã	Fígado de frango com molho de vinagre balsâmico Espetos de frango com mostarda e limão Mousse de limão

QUINTA--FEIRA	PL	Bebida quente 1 panqueca de farelo de aveia Ricota light Iogurte 0% de gordura	Salada de rúcula e beterraba Quiche sem massa de tomate e abobrinha Queijo fresco 0% de gordura	1 iogurte 0% de gordura e sem açúcar sabor pêssego	Salada de funcho com limão **Tomates recheados à moda Dukan** Sorvete de iogurte
SEXTA--FEIRA	PP	Bebida quente 30g de pepitas de farelo de aveia sabor frutas vermelhas Leite desnatado e/ou cottage 0% de gordura	Fatias de presunto magro **Sanduíche de farelo de aveia grelhado com atum** 1 Iogurte 0% de gordura, sem açúcar, com essência de baunilha	Queijo frescal 0% de gordura passado em 1 panqueca de farelo de aveia	½ panqueca de farelo de aveia Cavala ao forno Milkshake de cacau com 1% de gordura
SÁBADO	PL	Bebida quente Queijo frescal 0% de gordura Mingau de farelo de aveia com canela	Dips de legumes (cenoura, couve-flor, tomate-cereja) com requeijão 0% de gordura e ervas Linguado ao forno Funcho no vapor Creme de caramelo com ágar-ágar	1 iogurte de frutas 0% de gordura e sem açúcar 1 biscoito de farelo de aveia Dukan sabor avelã	Bresaola **Salpicão de frango**
DOMINGO	PP	Bebida quente Rabanada (com base de pão de farelo de aveia caseiro) Ricota light + aroma de baunilha	Frutos do mar sortidos **Ovos mexidos com ovas de salmão** Bolo de chocolate Dukan	Queijo frescal 0% de gordura	Salmão defumado Camarões VG com ervas ao forno Merengue Dukan

75

Fase de cruzeiro · PP · Dia 36

Dia 36
da minha dieta Dukan

Meu peso inicial:	Meu peso atual:	total de kg perdidos:
....	....	....

Meu peso ideal:

....

Panorama do seu 36º dia

Espero que, ontem, você tenha feito sua recarga de frescor e legumes! Talvez você esteja se perguntando **por que prescrevo essa alternância de dias com e, depois, sem legumes**, pois os legumes e as frutas são alimentos conhecidos como os mais saudáveis que existem.

Antes, farei uma distinção bem clara entre as frutas e os legumes. Ambos são ricos em fibras, sais minerais e vitaminas. Mas a grande diferença está no nível de seu teor de açúcar: **as frutas, como você já poderia imaginar, são bastante açucaradas.**

Em cada 100g, os glicídios contidos nas frutas trazem: 35 calorias para o morango, 45 para a maçã, 60 para a pera, 80 para a uva e a cereja, 95 para a banana. Em contrapartida, os legumes são bem mais pobres em glicídios. Para cada 100g de legumes há apenas: 8 calorias na endívia, 11 no pepino, 12 na alface, 13 na abobrinha, 14 na couve, 15 nos cogumelos, 16 no pimentão, 17 no espinafre, 19 no tomate e no aspargo, 20 no aipo, 21 na couve-flor. É por esse motivo que excluo as frutas ao longo das duas primeiras fases (ataque e cruzeiro).

Quanto aos legumes (sempre "à vontade"), esses contêm açúcar suficiente para enfraquecer o poder das proteínas; por isso, incluo-os apenas dia sim, dia não.

Sua motivação

Ontem, ao terminar minha apresentação sobre o terceiro cérebro, *o humano, o grandioso*, fiz uma pergunta, que ocorre a muitas pessoas com sobrepeso: **"Por que certas pessoas — entre as quais você — comem além de suas necessidades biológicas, enquanto outras, que estão submetidas às mesmas condições de vida, conseguem se controlar?"**

O que é certo é que ninguém busca engordar consciente e voluntariamente. E então? A resposta é simples. Ela está inscrita no modo de funcionamento dos dois cérebros arcaicos. O cérebro reptiliano, mestre dos instintos, deve comer quando tem vontade ou necessidade, de maneira mecânica, como um reflexo. O cérebro mamífero gera o prazer e o desprazer: a recompensa e a punição, as emoções, os afetos, as ligações e condicionamentos...

Quando sua colheita de prazeres e satisfações diminui, seu corpo se estressa (liberação de cortisol e de adrenalina, que é tóxica para sua saúde) e seu cérebro mamífero reage. No caso de algumas pessoas (mais que outras), esse cérebro se volta completamente para a comida, e escolhe alimentos gratificantes, sensoriais, os mais doces, os mais gordurosos e os mais salgados.

É assim que, com o corpo que se defende e sofre, podemos chegar a comer além de nossas necessidades biológicas e a engordar relativamente rápido.

Minha mensagem de apoio para você

Ontem eu lhe expliquei que, se você se lançou na minha dieta sem a ajuda de uma motivação forte, corre o risco de não ter êxito. Para reforçar essa motivação **você deve se apoiar nos motivos que lhe dão vontade de perder peso.** Expliquei que emagrecer o ajuda a voltar a ter uma imagem positiva de si mesmo e um certo bem-estar. **Também recorro ao argumento fundamental da saúde,** que é ameaçada a médio ou longo prazo pelo sobrepeso (e mais ainda pela obesidade). Todo sobrepeso notável — superior a 7 ou 8kg — facilita a aparição do diabetes, da hipertensão arterial, do infarto (especialmente para quem é fumante), de um acidente cardiovascular cerebral (especialmente em caso de hipertensão arterial).

Além disso — o que é uma descoberta relativamente recente —, **o câncer está intimamente relacionado ao sobrepeso.** Quanto mais engordamos, mais temos chances de desenvolver um câncer: isso deve ser levado em conta quando viemos de uma família propensa à doença. Já lhe expliquei: a célula cancerígena, ao contrário da célula normal, que funciona com inúmeros combustíveis, se desenvolve e se multiplica única e exclusivamente com a glicose. Em minha dieta, a alimentação sem açúcares, comidas com farinha e feculentos reduz o teor de glicose no sangue. Minha dieta atenua a virulência do câncer e a disseminação das metástases. O açúcar não é seu amigo, guarde isso na cabeça.

Pierre Dukan

Sua atividade física

De acordo com uma ideia pronta, a melhor maneira de encarar o cansaço seria descansar e se mexer o mínimo possível! **Isso não apenas é falso, como é o exato inverso do que se deve fazer.** Quando não há, é claro, qualquer contraindicação orgânica ou médica que explique o cansaço, seu corpo sem tonicidade não lhe pede para descansar, mas para gastar.

Tente... e você ficará surpreso ao constatar que, assim que seus músculos se aquecerem, vão gerar uma sensação de tonicidade e firmeza estimulantes. E, também, se, pela manhã, você se levantar sem a menor vontade de caminhar, saiba que é uma armadilha do seu corpo: é uma simples sensação que vai mudar totalmente quando você estiver em ação. Vamos lá: prometo que você não vai se arrepender e vai voltar para casa regenerado e tonificado.

Exercício do dia

- **Jovem e ativo:** Hoje faremos cinquenta abdominais e 18 agachamentos.
- **Mais de 50 anos e sedentário:** Hoje vamos manter 22 abdominais e 11 agachamentos.

Seu ambiente de saúde

Hoje eu gostaria de falar sobre o seu fígado, esse órgão vital cuja função primeira é protegê-lo dos tóxicos ao redor. Se você está (ou estava) em sobrepeso, é porque comeu além do que seu corpo esperava, e isso durante tempo suficiente para cansar seu fígado.

Seu fígado existe para protegê-lo de todos os alimentos, substâncias ou medicamentos que, sem sua ação, reapresentariam um risco para sua saúde. No âmbito dos alimentos, falemos, antes, das gorduras: o fígado é encarregado de estocar seu excesso.

Falemos também dos glicídios (farinha branca e açúcar): seu excesso é responsável por uma secreção quase permanente de insulina. A longo prazo, isso cansa seu fígado, que acumula gordura até passar à esteatose hepática (acúmulo de gordura nas células do fígado). Um excesso de peso superior a 20kg é quase que sistematicamente acompanhado por um fígado "gorduroso", principalmente no caso de uma tendência familiar ao diabetes.

No entanto, emagrecendo, o fígado também emagrece: a esteatose, se não for muito antiga e irreversível, é curada. Espero que você não tenha tanto peso a perder assim e que essa informação e esse conselho não lhe digam respeito. Mas, se for o caso, é mais uma razão para lutar!

"Escapadas" da dieta

Você conhece minha oposição ao discurso dos psiquiatras que, muito frequentemente, pregam contra as dietas. Em congressos onde me encontro com eles, **pergunto-lhes o que esperam fazer desses 24 milhões de pessoas em sobrepeso e, especialmente, com os 6,5 milhões de obesos ameaçados em sua dignidade, sua saúde e, não raro, sua própria vida.** Sei que os psiquiatras ficam embaraçados com a minha pergunta... mas eis o que me respondem. Antes de mais nada, eles estimam que **um grande número de pessoas em sobrepeso não tem uma necessidade autêntica de emagrecer,** pois seu sobrepeso não é algo suficientemente ameaçador para sua saúde e, logo, não justifica uma dieta. Em um plano estritamente médico, é verdade... Mas se uma mulher, ou um homem, se sente mal com seu próprio corpo, por que não ajudá-los?

Para todas as demais pessoas em sobrepeso notável que, evidentemente, precisam emagrecer, os psiquiatras têm outra resposta. Segundo eles, bastaria que uma pessoa "gorda" **se apoiasse nas sensações vindas de seu corpo:** bastaria que aprendesse, por exemplo, a distinguir a sensação de fome verdadeira da banal tentação alimentar. Mas é justamente aí que o problema se encontra!

Para uma pessoa em sobrepeso, as tentações são muito frequentes: é muito difícil resistir a elas... e, no final das contas, mais fácil entrar em uma dieta bem- enquadrada e poderosamente estruturada. As pessoas em sobrepeso frequentemente vivem emoções dolorosas e comem para compensar as frustrações. Saber disso não muda sua vontade de comer!

Desconfie de opiniões muito "psicologizantes", que em nada ajudam a emagrecer. Em toda a minha vida de nutricionista nunca vi um obeso curado pela psiquiatria. Já me aconteceu de enviar alguns obesos a um psiquiatra e, muitas vezes, voltarem com receitas de antidepressivos!

Existem dois tipos de psiquiatra: os que acompanham você e o ajudam a valorizar seu esforço ao fazer uma dieta... **e os que admitem que o ganho de peso e o emagrecimento** não têm a ver com a psiquiatria, mas com perturbações induzidas pela sociedade.

Existe uma associação de psiquiatras, o G.R.O.S. (Group de Réflexion Obésité Surpoids) [Grupo de Reflexão Obesidade e Sobrepeso], que se tornou famosa pregando o conceito americano marginal e provocador do *No Diet* (em português, a antidieta). **O G.R.O.S. recusa a dieta, como outros recusam as vacinas e os antibióticos.**

O que o G.R.O.S propõe para diminuir a calamidade do sobrepeso? Um tratamento de liberdade, com acesso livre ao chocolate (o chocolate, rico em gordura e açúcar, sendo instituído como símbolo)... Certamente, a ideia é sedutora: bastaria ouvir suas sensações de fome e de saciedade para ver seu corpo entrar naturalmente na moderação, no equilíbrio e na diminuição do peso. **Infelizmente, se tão pouco fosse necessário** para vencer a temível pandemia da obesidade e do diabetes, eu entraria em aposentadoria antecipadamente! Deixaria de lutar e militaria para que essa proposta de não restrição alimentar ganhasse o Prêmio Nobel!

Mas a realidade é completamente outra: o sobrepeso altera profundamente a vida de milhões de indivíduos e mata centenas de milhares todos os anos. No fundo, é a sociedade que gera esse sobrepeso e tira vantagem do problema.

Felizmente, a proposta do G.R.O.S. seduz apenas aqueles que, depois de diversas tentativas, terminaram por abaixar os braços e aceitar seu sobrepeso. Respeito esta escolha e a compreendo. **Mas todas as outras pessoas obesas ou em sobrepeso que lutam para emagrecer sabem bem que tais propostas loucas nunca resolverão o problema das pulsões violentas que sentem.** Quando pensamos que a cirurgia da obesidade, com suas mutilações e seus 2% de mortos em pós-operatórios, não obtêm senão resultados medíocres e insuficientes em nível de peso, imaginamos bem que **propor chocolate com acesso livre é de uma inconsequência absurda! Essa inconsequência é culpada, pois, enquanto alguns se divertem com exercícios de demagogia interesseira, seres humanos morrem.** Então, permaneça vigilante: não perca o contato com seu bom senso. Siga sua dieta, coma quanto quiser dos alimentos autorizados e, mais uma vez, hoje, por favor, não saia da dieta.

Cesta de compras do dia

Você gosta de fraldinha? Se sim, corra para comprar, pois é um dos pedaços mais gostosos do boi. E, principalmente, não cozinhe muito: a riqueza desse corte é a parte crocante vinda de suas fibras. Sua textura não deve ser muito firme, para que a carne possa ser mais bem-mastigada.

Além disso, **compre chalotas.** Sim: é a maneira tradicional de se preparar a fraldinha na França! Uma tradição tão estabelecida e clássica certamente tem uma razão para existir. Se você não for vegetariano, vai se deliciar.

Minha lista de compras

- Farelo de aveia e farelo de trigo
- Fermento químico
- Requeijão e cottage 0% de gordura
- Ricota light
- Flor de laranjeira
- Aroma de manteiga
- Peito de peru
- Presunto magro
- Chalota, limão verde
- Aroma de manteiga, mel e nozes
- Iogurtes 0% de gordura aaromatizados e sem açúcar
- Atum em lata (sem óleo)
- Camarões
- Amido de milho
- Fraldinha
- Ovos

Sua receita de hoje

Fraldinha com molho de chalota à moda Dukan

> Tempo de preparo **10 min**
> Tempo de cozimento **40 min**
> Serve **2** pessoas

4 chalotas
2 bifes de fraldinha

½ cubo de caldo de carne sem gordura
1 xícara (chá) de água quente
3 colheres (sopa) de vinho tinto
2 colheres (sopa) de vinagre balsâmico
Sal, pimenta-do-reino a gosto

(Esta receita tem um consumo máximo de ½ fraldinha por pessoa.)

1. Descasque as chalotas e depois corte em pedaços bem finos.
2. Dilua a metade do cubo de caldo na água quente.
3. Esquente a frigideira antiaderente em fogo alto e frite as fraldinhas de cada lado, até que as superfícies fiquem bem grelhadas e que o suco da carne apareça no fundo da frigideira. Tempere com sal e pimenta-do-reino. Reserve a carne.
4. Conserve a frigideira no fogo, diminuindo e passando ao fogo brando. Adicione o vinho tinto ao suco da carne que ficou na frigideira, esfregando bem com uma espátula.
5. Adicione as chalotas e o caldo diluído, para amolecer as chalotas. Cozinhe tudo, adicionando o vinagre balsâmico, durante 5 a 10 minutos, em fogo baixo, ou até o molho reduzir pela metade.
6. Quando as chalotas estiverem bem cozidas, coloque os bifes novamente na frigideira para encharcá-los com o molho de chalotas. Sirva bem quente.

Meu diário pessoal

Caro leitor, ou leitora, ESCREVA alguma coisa todos os dias neste diário. Lembro a você que meu endereço de e-mail está disponível e que você pode me escrever. Prometi responder se a pergunta for pertinente. A propósito, suas reflexões e perguntas são preciosas para mim. Elas me permitem entender melhor suas reações à minha dieta e, assim, adaptá-la.

....

....

....

....

....

....

....

....

....

....

....

....

....

....

Fase de cruzeiro · PL · Dia 37

Dia 37
da minha dieta Dukan

Meu peso inicial:	Meu peso atual:	total de kg perdidos:
....	....	....

Meu peso ideal:

....

Panorama do seu 37º dia

Retorno aos legumes. Gostaria de lhe fazer uma confidência. Nunca tive problemas relacionados ao peso em minha vida, mas convivo com pessoas em sobrepeso há tanto tempo que, frequentemente, me coloco em seu lugar, em sua pele. Assim, me pergunto como me comportaria caso seguisse minha dieta. Gosto muito das proteínas, especialmente de peixes e de aves, mas é dos legumes que mais sentiria falta nos dias de proteínas puras. Hoje você tem o direito de comer legumes! Se você for como eu e se os legumes lhe fizerem falta, aproveite plenamente seu frescor, suas fibras, suas vitaminas e cores. E se seu intestino aceitar, coma-os crus.

Sua motivação

Na França e na maioria dos países ocidentais, estamos confrontados com o desastre sanitário que o sobrepeso e a obesidade representam. Inúmeras pessoas tentam lutar contra essa calamidade: médicos, nutricionistas, jornalistas, os que trabalham nas indústrias agroalimentar e farmacêutica, políticos, funcionários etc. Os nutricionistas, em especial, têm um engajamento contra o sobrepeso. Cada um tem seu ponto de vista e defende com unhas e dentes sua própria dieta.

O dogma da contagem calórica ainda está muito em voga (com base na ideia de igualdade entre as calorias, independente de sua origem: vindas de proteínas, lipídios ou glicídios). Apesar do sedentarismo atual, os glicídios deveriam trazer 55% do teor energético alimentar. Esse discurso "nutricionalmente correto" prega o equilíbrio alimentar, a medida, as pequenas quantidades etc. **De acordo com esses nutricionistas, uma dieta certa, mais do que conduzir ao emagrecimen-**

to, deveria levar as pessoas a comer de maneira saudável. No entanto, essa não é a prioridade das pessoas obesas ou em sobrepeso consequente! Essas pessoas querem emagrecer, antes de mais nada.

Quando se é médico, deve-se considerar um obeso como alguém que está se afogando. **Ora, não se pode ensinar uma pessoa que se afoga a nadar!** A urgência é salvá-la e colocá-la em terra firme: depois, finalmente, se poderá ensinar as sutilezas da arte de nadar.

Não nos esqueçamos nunca de que o melhor juiz de uma dieta, de sua qualidade, de sua eficácia e da estabilidade de seus resultados, é aquele que sofre seu rigor.

Seu ambiente de saúde

A maioria das pessoas em sobrepeso está **sujeita às flatulências**. Não se deve confundir a flatulência com uma barriga grande ou uma sobrecarga abdominal. Um não impede o outro... mas, aqui, quero lhe falar das verdadeiras flatulências.

Pela manhã, em jejum, as pessoas sujeitas às flatulências ficam com a barriga chapada. Aos poucos, a barriga incha, chegando à sua diltação máxima depois do jantar.

É claro, esse inchaço não se deve à gordura absorvida: para engordar tanto seria preciso consumir mais de 20 mil calorias em um dia!

Na verdade, o inchaço abdominal (reversível) está ligado à produção de gás vinda do estresse, da fermentação e da irritabilidade intestinal. **O estresse ativa as contrações intestinais** e perturba a secreção dos sucos digestivos (gástrico, biliar e pancreático). Bolsas de gás se criam.

Uma alimentação rica em carboidratos (açúcar, alimentos doces ou salgados feitos com farinha) frequentemente ocasiona **fermentações** e perturbações da flora intestinal que, também elas, são produtoras de gás. Enfim, inúmeras mulheres têm um intestino irritado, muitas vezes graças à **ansiedade**... O que também tem um papel nesse distúrbio frequente e desconfortável que é a flatulência.

Para reduzi-las é preciso recorrer a complementos alimentares que chamamos de probióticos (que regulam a flora intestinal). Deve-se comer menos alimentos à base de farinha, praticar o relaxamento e reforçar a faixa abdominal com exercícios para a parede muscular. Se a situação não melhorar, deve-se recorrer a uma desinfecção intestinal, feita com antissépticos intestinais que apenas seu médico poderá prescrever.

Minha mensagem de apoio para você

A maioria dos pacientes que tratei em minha vida ganhou peso comendo demais e mal. Quando essas pessoas decidem emagrecer, devem passar a um modo restritivo. Na maioria das vezes, é difícil: uma forte dose de motivação se faz necessária. Para os que não têm motivação suficiente, o caminho é perigoso. É por esse motivo que, nesses últimos dias, pedi a você que se concentrasse no que o fato de emagrecer vai lhe trazer em termos de imagem, bem-estar e saúde.

Agora, gostaria de lhe falar de um aliado muito poderoso. **Trata-se da autoestima, que pode agir como um verdadeiro motor.** Como seres humanos, temos uma necessidade legítima de sentir que temos valor, que nossa existência tem sentido, que temos um papel a desempenhar em nossas vidas e que somos úteis para alguma coisa ou alguém. Precisamos disso para termos confiança em nós mesmos e nos amarmos.

Ora, o sobrepeso pode alterar em muito o nosso ego. E, inversamente, a partir do início da perda de peso, por menor que seja, deve-se começar a interpretar os resultados como um ato de controle, um primeiro passo em direção à vitória contra o sobrepeso. Esse controle nos dá uma prova concreta e evidente de nosso valor. Se você conseguiu hoje, certamente conseguirá amanhã. Esse é um pensamento bastante poderoso.

Pierre Dukan

"Escapadas" da dieta

Hoje falarei uma última vez sobre os psiquiatras. Eu já lhe disse: segundo seu discurso, fazer uma dieta é a mesma coisa que ter uma frustração traumatizante. Eu penso exatamente o contrário! Afrontar seu peso e se esforçar para reduzi-lo é, certamente, um desafio. Mas, uma vez aceito, **esse combate enriquecedor desemboca em uma vitória, uma grande alegria e uma profunda valorização íntima.**

Em congressos ou na televisão, tive muitas oportunidades de debater com esse tipo de psiquiatras (ou psicólogos). Sempre lhes faço a mesma pergunta: **"Sua recusa à dieta também se aplica ao diabetes**, que sabemos ser frequentemente causado pelo sobrepeso?" Isso sempre deixa os especialistas em uma saia justa. Principalmente porque uma de suas propostas mais importantes é o que chamam de perda de sensibilidade ao chocolate (sugerem que se comece o dia por uma refeição de chocolate... para que as pessoas fiquem enjoadas, imagino). Uma de minhas pacientes bulímicas foi tratada por essa "pseudovacina de chocolate". Uma semana depois, voltou a se consultar comigo, assustada com a rapidez com que ganhou peso!

Quanto a mim, mantenho sempre minha posição: **sobrepeso e diabetes têm uma origem comum, que é o excesso de consumo de glicídios** (açúcares, farinha branca, bolos, alimentos à base de farinha, biscoitos, sobremesas e refrigerante). Luto contra esses psiquiatras que, irritados com a guerra do peso, propõem um armistício perigoso: não podemos deixar um piromaníaco sozinho em uma floresta, brincando com gasolina e fósforos!

No que diz respeito a você, saiba que espero que seja suficientemente robusto para sentir prazer em lutar contra um sobrepeso que, manifestamente, acaba com sua vida. Então, peço que você evite sair da dieta por mais alguns dias. Pense no dia seguinte, em que, ao subir em sua balança, você vai ver seu Peso Justo, enfim, aparecer no ponteiro.

Tenha orgulho do que está fazendo.

Sua atividade física

Gostaria, hoje, de chamar sua atenção para uma coisa muito importante. Toda atividade física consome calorias e ajuda a emagrecer. **No entanto, o exercício físico também aumenta o apetite.** Nosso corpo não foi programado para a vida moderna. Ele foi concebido para um ambiente de escassez. Em estado natural, nossas reservas de gordura, quando temos a sorte de tê-las, são uma caução de sobrevivência. Mas assim que adentramos essas reservas nosso hipotálamo nos envia um sinal de fome! Esse é um fato raramente levado em conta pelos nutricionistas. Ele também explica por que as tentativas de emagrecimento por parte dos esportistas são mais difíceis do que imaginamos. Pessoalmente, sempre deparo com essa dificuldade: alguns de meus pacientes que têm uma atividade esportiva intensa veem que seus grandes gastos calóricos são compensados por uma fome devastadora!

E, assim, descobri que existe uma atividade física que não gera a sensação de fome: a caminhada. Quando não é muito rápida, não leva a uma exacerbação do apetite. O homem é o caminhante mais natural da criação. O gasto calórico da caminhada é tão exposto e ajustado à sua fisiologia que modifica muito pouco o nosso apetite.

É por isso que em meu método dou uma importância tão grande à caminhada. Desconfio de toda atividade física muito intensa, cuja consequência é a fome. É tão possível lutar contra as tentações passageiras quanto é possível lutar contra a fome, que é uma necessidade orgânica puramente fisiológica.

Exercício do dia

- ■ **Jovem e ativo:** Hoje faremos cinquenta abdominais e 18 agachamentos.
- ■ **Mais de 50 anos e sedentário:** Hoje vamos manter 22 abdominais e 11 agachamentos.

Cesta de compras do dia

Hoje você tem o direito de comer legumes! Então, corra para comprar abóbora. Na boca, com qualquer tipo de preparo, você não vai ter a impressão de comer um legume, mas um feculento.

Em minha dieta a abóbora traz muitas vantagens e receitas. Quando está bem madura, tem um delicioso gosto de avelã. A abóbora também tem uma consistência densa e macia, é tão agradável quanto sacia.

Se você tiver pouco tempo, pode fazer o que quiser, como, por exemplo, uma sopa com coentro ou gengibre, canela ou até mesmo molho shoyu. Você também pode usar menos líquido e fazer um purê.

Pessoalmente, adoro a abóbora em grandes pedaços, cozidos no vapor, servidos com um pouco de molho shoyu. Também gosto da abóbora cortada em pequenos pedaços e refogada na frigideira.

Minha lista de compras
- Requeijão e cottage 0% de gordura
- Presunto de peru
- Ovos
- Tomate, abóbora
- Cogumelos, cebola
- Atum em lata sem óleo
- Legumes para acompanhamento
- Pizza de farelo de aveia
- Muffin de farelo de aveia Dr. Dukan sabor cacau
- Shiratakis
- Sorvete de iogurte light

Sua receita de hoje

Shiratakis com abóbora e cogumelos (PP)

Tempo de preparo **30 min**
Tempo de cozimento **25 min**
Serve **4** pessoas

600g de abóbora descascada
350g de cogumelos frescos
4 colheres (café) de azeite
½ cebola
1 copo de leite desnatado
2 pacotes de shiratakis
1 pitada de noz-moscada
Sal, pimenta-do-reino e salsa picada a gosto

Esta receita contém a dose diária de azeite autorizada.

1. Corte a abóbora em cubos, descasque e corte a cebola em fatias finas ou pique-a.
2. Lave os cogumelos em água corrente durante 1 minuto, sem deixá-los dentro da água. Corte-os em pequenos pedaços.
3. Em uma panela, despeje o azeite e refogue a cebola durante 5 minutos em fogo médio. Em seguida, adicione os pedaços de abóbora, os cogumelos picados, o leite e tempere com sal e pimenta-do-reino.
4. Cozinhe com a tampa durante 15 a 20 minutos, até que a abóbora fique macia.
5. Em uma panela com água em ebulição ferva os shiratakis (que você terá previamente lavado na água fria) com um pouco de sal. Depois de 2 minutos, escorra os shiratakis e adicione-os à frigideira com a abóbora e os cogumelos, salpicando com uma pitada de noz-moscada e pimenta-do-reino. Sirva quente com um punhado de salsa picada.

Meu diário pessoal

O que você descobriu hoje, em sua vida de todos os dias? Você aprendeu alguma coisa que, de perto ou de longe, se refira ao percurso que estamos fazendo juntos? Você teria, por exemplo, uma informação nova sobre algum alimento (através da leitura de um rótulo, por exemplo)? Você descobriu um novo molho ou uma nova receita? Enfrentou uma dificuldade particular em algum momento do dia, um estresse que não soube controlar? Algum arnigo lhe falou sobre as aulas de pilates, yoga ou hipnose que ele está fazendo? Fique atento a tudo que pode melhorar sua qualidade de vida e reforçar seu compromisso com o bem-estar e o emagrecimento. Se você adquirir o hábito de escrever, amanhã vai se tornar mais atento ao que acontece na sua vida. Agora é com você!

Fase de cru...

Dia 38
da minha dieta Dukan

Meu peso inicial:	Meu peso atual:	total de kg perdidos:
....	....	....

Meu peso ideal:
....

Panorama do seu 38º dia

A palavra de ordem de hoje é a seguinte: **retorno às proteínas puras.** De manhã, no café da manhã, não se esqueça de sua panqueca de farelo de aveia. Ou, então, tente preparar um mingau com leite desnatado e adoçante (levando ao micro-ondas). Na hora do almoço, opte por almôndegas de carne moída com bastante tempero ou uma fatia de salmão marinado caseiro. Ou, então, uma coxa de frango também pode ser uma boa pedida. Além disso, essas refeições são facilmente transportáveis para o trabalho, o que simplifica muito o seguimento de uma dieta, você vai ver.

Sua atividade física

Já falamos da importância das escadas (que você deve preferir aos elevadores). Tente fingir para si mesmo, se não morar em um andar muito alto, que seu elevador está em pane: suba a pé sem reclamar. Faça o mesmo em qualquer lugar aonde for: na casa dos amigos, das pessoas de sua família, no seu médico etc.

Por que insisto tanto nas escadas? Antes, porque subir degraus solicita os músculos mais poderosos do organismo: os das coxas e das pernas (o quadríceps e as panturrilhas, "os grandes portadores"). Mas, principalmente, porque **as escadas trazem um estado de espírito de vitória.** Quando você está no térreo de um prédio, vê, de um lado, as escadas, do outro, o elevador.

Se subir pela escada, deu a largada: a cada degrau, você sabe que está ganhando.

Mas se pegar o elevador, não é mais você quem decide: você não está mais agindo por si mesmo e, a cada andar, sabe que sua resistência cede, o que não é bom para sua motivação. Então, tenha coragem de subir pela escada, mesmo que, a partir do terceiro andar, suas coxas estejam doendo e você se sinta ofegante.

Esteja certo de que, ao emagrecer e ao se habituar às escadas, você vai rapidamente sentir os efeitos do treino, a agradável titilação do quadríceps, que lhe suplica para continuar.

Exercício do dia

- **Jovem e ativo:** Hoje vamos continuar com cinquenta abdominais e 18 agachamentos.
- **Mais de 50 anos e sedentário:** Hoje vamos manter 22 abdominais e 11 agachamentos.

Seu ambiente de saúde

Para algumas pessoas, durante uma dieta, a **prisão de ventre** se instala ou se acentua. Se for o seu caso, você corre o risco de ficar indisposto e também pesar mais (graças ao acúmulo de fezes). Beba muito, principalmente pela manhã. Beba chá verde, por exemplo (ou água, uma infusão, café... mas beba meio litro de uma vez, para desbloquear as contrações intestinais). Ao mesmo tempo, coma duas colheres de farelo de aveia, que vai se impregnar do líquido, ganhar volume e melhorar seu trânsito intestinal. E não se esqueça das séries de abdominais, alongados, joelhos dobrados em um ângulo de noventa graus: vinte repetições. Se não melhorar, peça ao seu médico uma ajuda pra o trânsito intestinal (complementos à base de fibras de frutas, naturais e de sabor agradável).

Minha mensagem de apoio para você

Caro leitor, nós começamos a ter um passado em comum. *Este diário de bordo é um conceito totalmente novo, que desenvolvi para responder a um fato evidente: emagrecer é um ato muito difícil e tudo que pode contribuir para esse ato é útil. Já disse diversas vezes e não é você quem vai me desmentir: nunca engordamos voluntariamente. Wols, um pintor alemão da primeira metade do século XX, escreveu uma pequena frase, aparentemente inofensiva, em seus cadernos:* **'Aquilo que fazemos, o fazemos porque somos incapazes de não fazê-lo.'** *Pode parecer um truísmo, por a frase ser simples e banal! E, no entanto, é uma grande ideia, muito profunda, que se aplica a todas as atividades da vida.*

No que diz respeito ao sobrepeso, engordamos em um momento da vida porque, em determinado contexto (afetivo, emocional, profissional), somos incapazes de não engordar. Em seguida, o mal-estar ocasionado pelo peso aparece. O alimento que nos acalmava, agora nos tortura. E, então, tudo muda: QUEREMOS emagrecer... porque não podemos não fazê-lo.

Quando, em um barco à vela, o vento está muito violento, temos de baixar as velas e nos deixar levar para longe da costa, para não naufragar. É um pouco o que acontece quando engordamos: o barco deriva, se dobra, mas não afunda, nem se rompe. Hoje você está comigo neste projeto, pois decidiu comprar este diário de bordo: para mim, isso significa que o vento se acalmou e que você gostaria muito de voltar a um bom porto. Meu papel é ajudá-lo.

Se você seguiu a programação que lhe propus, deve ter perdido peso suficiente para já sentir mais bem-estar. Se continuar, em breve vai chegar ao seu Peso Ideal. E eu não vou abandoná-lo.

Pierre Dukan

"Escapadas" da dieta

Os conselheiros não são os pagantes. É mais fácil prescrever uma dieta do que segui-la. Entre o momento em que um nutricionista prescreve uma dieta e aquele em que uma pessoa a começa, existe um tempo de latência ao longo do qual muitas coisas podem acontecer. Entre o momento em que essa mesma pessoa começa a dieta e aquele em que chega ao Peso Ideal, o grande navio do regime, algumas vezes, pode tombar. Enfim, entre chegar ao Peso Ideal e conservá-lo, há um mundo.

Quando esse longo projeto jaz tão somente na influência de um livro (este que você tem em mãos), a partida não é simples, nem fácil. No entanto, é o que estamos realizando juntos. Há mais de quarenta dias tenho orgulho de acompanhar você na empreitada.

Com este livro, um contato afetivo e profissional se estabelece entre você e eu. Devo apoiar seu projeto, devo lhe fazer promessas que se realizarão com pontualidade. Tenho de fazer de tudo para que a confiança se instaure e para que aquilo que proponho a você resista ao tempo que passa, assim como às tentações que se acumulam. Espero que essa corrente exista entre nós... e que continue a ajudá-lo.

Para mim, é um trabalho difícil escrever a um desconhecido com tanta força e convicção, como se você estivesse sentado diante de mim em meu consultório. Repito novamente: não o conheço. Mas você me conhece cada vez melhor, pois falo com o coração aberto, e é por essa razão que lhe peço para passar mais um dia inteiro sem sair da dieta. Note que eu disse "dia", no singular.

Sua motivação

Estamos a apenas dois dias do 40º dia da fase de cruzeiro. Se adicionarmos de três a seis dias da fase de ataque, me dou conta de que estamos nos aproximando do objetivo. Se você tiver seguido bem o plano que tracei, deve ter perdido cerca de 2kg na fase de ataque + 5kg na fase de cruzeiro, ou seja, 7kg. Qualquer que seja o peso total que você tinha de perder, já se pode sentir e notar alguma perda. Pessoas vieram falar com você e, sem dúvida, você ficou interiormente feliz com essa perda de peso.

Mas talvez não tenha seguido corretamente o meu programa... Ou, talvez, sequer tenha começado! Nesse caso, são poucas as chances de que esteja me lendo agora. Continuo confiante, sei que você vai começar quando estiver suficientemente maduro para isso. De qualquer forma, você fez seu melhor. Talvez tenha avançado o caminho da dieta de maneira caótica, controlando alguns dias e afrouxando as rédeas em outros. Em todo caso, você chegou até aqui.

Aos que fizeram tudo corretamente, nada tenho a acrescentar. Sei que você vai até o fim e estou inteiramente ao seu lado.

Aos que não seguiram a dieta, já disse antes: isto é apenas um "até logo", pois, sim, vamos nos encontrar novamente.

É principalmente ao terceiro grupo de pessoas (as que têm dificuldades em seguir a dieta de maneira linear) que gostaria de falar. Gostaria de lhes dizer que **a motivação é uma energia que se renova.** Uma dieta instável revela uma motivação instável. Você deve fazer o possível e o impossível para ter êxito. Tente se organizar para, todos os dias, ter aquilo de que precisa ao alcance das mãos. Cozinhe um pouco na véspera e prepare tudo para ter o necessário no dia seguinte, pela manhã.

Não se esqueça de caminhar e subir escadas. **E, principalmente, sinta a satisfação de realizar aquilo que tem vontade...** está ao seu alcance. Não se lamente, aconteça o que acontecer, pois é contraprodutivo. Faça o oposto: crie um desafio para si mesmo, mesmo a curto prazo, e tente atingi-lo.

Cesta de compras do dia

Se você passar pelo açougueiro (ou na parte de carnes do supermercado), **compre contrafilé.** É um excelente pedaço do boi: não é o mais barato, mas é tão bom... Aconselho que o guarde para a refeição da noite, pois "para um pedaço de rei, uma refeição de rei". Cozinhe como preferir. Os argentinos, que são os reis do contrafilé (o bife de chorizo argentino), aconselham que se coma ao ponto, ligeiramente rosado. Coloque-o em um belo prato e feche os olhos durante as primeiras garfadas. Se estiver com muita fome, pode comer seu bife com shirataki (tipo de macarrão sem calorias).

Minha lista de compras

- Leite desnatado
- Ovos
- Requeijão e queijo frescal 0% de gordura
- Amido de milho
- Peito de peru
- Contrafilé
- Cottage 0% de gordura
- Pimenta-do-reino e pimenta-rosa
- Iogurtes aromatizados 0% de gordura e sem açúcar
- Camarões, bacalhau fresco
- Adoçante
- Aroma de baunilha

Sua receita de hoje

Kibe de forno

> Tempo de preparo **25 min**
> Tempo de cozimento **45 min**
> Serve **6** pessoas

600g de carne moída
2 colheres (sopa) de farelo de trigo
3 colheres (sopa) de farelo de aveia
1 ½ colher de requeijão 0% de gordura
1 cebola pequena picada
2 dentes de alho
2 colheres (sopa) de hortelã fresca picada
1 colher (chá) de pimenta síria
Sal a gosto
Hortelã para decorar

1. Deixe o farelo de trigo de molho em água por aproximadamente 15 minutos. Coloque num pano limpo e esprema até sair toda a água.
2. Tempere a carne com a cebola, a hortelã, o sal, a pimenta e a pimenta síria.
3. Acrescente o requeijão, o farelo de trigo espremido e o farelo de aveia seco. Misture muito bem.
4. Coloque num refratário e, com a faca, faça o desenho de quadrados, que ajudam no cozimento da carne.
5. Leve ao forno a 180ºC por aproximadamente 45 minutos ou mais, dependendo do forno.

Meu diário pessoal

Hoje vou deixar que você escreva tranquilamente alguma pequena passagem de sua viagem em terras reencontradas do "melhor peso". Não se esqueça de que, se tiver um elemento interessante para me contar, estou interessado... **e**, principalmente, estou interessado em transmiti-lo aos outros!

Fase de cruzeiro · PL · Dia 39

Dia 39
da minha dieta Dukan

Meu peso inicial:	Meu peso atual:	total de kg perdidos:
....	....	....

Meu peso ideal:

....

Panorama do seu 39º dia

Maré alta, maré baixa, fluxo e refluxo, eis que nossa alternância nos traz de volta a um dia de legumes. Para o metabolismo, a adição de verduras pode parecer virtuosa.... mas os legumes contêm açúcares extremamente diluídos em uma trama vegetal muito rica em água, fibras, sais minerais e vitaminas. Essa pouca quantidade de açúcares extremamente lentos é o suficiente para diminuir – e apenas diminuir – o ritmo da perda de peso gerada pelos dias de proteínas. Você sabe, é por isso que construí a fase de cruzeiro como um motor em dois tempo, baseado na alternância de um dia com e um dia sem legumes.

"Escapadas" da dieta

O que é, exatamente, uma escapada da dieta? É um encontro ruim que termina com um abraço, uma brecha em sua linha de defesa, nada mais. Não é uma guerra, nem mesmo uma batalha perdida. É um momento em que a vigilância se perde, para melhor se encontrar em seguida. Eu diria que é desse modo que se deve interpretar a escapada, uma vez que ela aconteceu.

Durante ela, a estratégia mais adequada é fechar os olhos para saborear e se deleitar enquanto você vive o momento. Imagine que tenha se deixado seduzir por um pedaço de chocolate ou um saquinho de castanha de caju. Não consuma esses alimentos como se cometesse uma fraude, tendo vergonha e se culpando. Na medida em que se trata de um acidente de percurso aceito e não sofrido, deleite-se, não engula de uma só vez, mas deixe esses transmissores de sabor o máximo de tempo possível em contato com suas papilas, lá onde a sensação gustativa nasce, e transforme uma pequena fraqueza em força. DEPOIS, RECOMECE AINDA MAIS FORTE, foi apenas um pequeno deslize, uma pausa de prazer em seu caminho.

Sua atividade física

Algumas pessoas me perguntam se devem fazer exercícios físicos. Em geral, quando perguntam, o motivo fica subentendido: eles não têm muita vontade de fazê-lo. Mas o exercício físico traz tantas satisfações! Fazemos exercícios pelo prazer que nos trazem: o de usar o próprio corpo como um agradável instrumento. Os esportistas são, com frequência, apaixonados pelo esporte que praticam. Se esse for seu caso, é claro que você pode se exercitar! Fico me perguntando, a propósito, como você pôde ganhar peso. Uma pessoa que tem atividade física regular queima muitas calorias e, principalmente, se sente feliz – pela serotonina que se interpõe. Ora, quando estamos felizes, não precisamos compensar com a comida.

Faça exercício físico, se quiser, se puder. O que me importa, no seu caso, não é tanto a intensidade do esforço que você vai fazer, **mas sua regularidade.**

Exercício do dia

- **Jovem e ativo:** Hoje passaremos a sessenta abdominais e faremos vinte agachamentos.
- **Mais de 50 anos e sedentário:** Hoje vamos tentar passar a 24 abdominais e a 13 agachamentos.

"Quando convidamos alguém para ir a um restaurante, não é para lhe oferecer glicídios, lipídios ou proteínas, mas para conversar, trocar ideias e muito mais! No fundo, é para harmonizar nossas emoções e evitar o sofrimento da solidão."

Boris Cyrulnik

Minha mensagem de apoio para você

Hoje vou lhe dar um conselho muito simples e precioso: **tente comer com as pessoas que você ama.** Quando você coloca comida na boca, isso raramente acontece porque suas células estão urrando de necessidade de energia! É muito mais por prazer (tão essencial quanto a pura carga energética do alimento).

O prazer é uma recompensa inventada pela natureza para levá-lo a satisfazer uma necessidade mais ou menos vital (assim como o desprazer o condiciona a evitar uma situação ameaçadora). A propósito, tente meditar sobre essa noção: você vai ver que **existe prazer em todos os lugares onde existe vida, e o desprazer, contrariamente a isso, frequentemente é 'ruim para você'.** É uma regra bem simples que governa a vida animal: escutando a si mesmo, escutando os sinais de prazer e desprazer, você aumenta suas chances de sobrevivência. Mas você já começa a saber disso tudo! Já falei sobre a serotonina e a dopamina que, juntas, mantêm sua alegria e sua vontade de viver. Pois bem, comer com aqueles que amamos faz parte dessa noção de prazer: nada melhor que fazer uma refeição na presença de seres queridos; é tão essencial quanto a própria comida. Você vai se deleitar tanto com a presença das pessoas ao seu lado quanto com os alimentos: você vai falar, vai rir, talvez divirta seus vizinhos de mesa... é tão agradável!

Pierre Dukan

Seu ambiente de saúde

Dormir um sono insuficientemente recuperador favoriza o ganho de peso e o diabetes. Quando dormimos mal, ficamos menos resistentes às tentações alimentares...

Além disso, estudos clínicos recentes mostraram que a privação do sono torna a insulina menos eficaz. O pâncreas deve secretar mais para o mesmo resultado. E, ainda por cima, a falta de sono é responsável pela secreção de cortisol e noradrenalina, dois hormônios que favorecem o sobrepeso e o diabetes. No entanto, você vai me dizer que não podemos simplesmente decidir dormir bem.

Mesmo que seu sono seja normal, faça de tudo para que tenha uma boa qualidade. **Em primeiríssimo lugar, desconfie do ronco: roncar não é algo sem importância, pois se trata de uma luta barulhenta contra a asfixia,** que provoca um grande número de pequenos despertares e cansaço matinal. Se você estiver sujeito ao ronco, o fato de emagrecer pode ajudá-lo: graças à perda de peso, a base mais gordurosa da língua se torna mais leve e pesa menos na laringe; o assobio que vem da contração da cavidade da laringe, o ronco, tem boas chances de se atenuar ou desaparecer.

Se você sempre acorda cansado, tenho quatro conselhos simples, mas eficazes. Antes de mais nada, vá para a cama cedo: cada hora de sono antes da meia-noite vale por duas. A cada vez que puder, faça uma sesta: 20 minutos são o suficiente. Em seguida, coloque um calço nos pés da cabeceira de sua cama, o sangue circulará melhor em suas mucosas nasais e você vai respirar melhor.

Finalmente, um último conselho: coloque algumas gotas de essência natural de lavanda em seu travesseiro.

Sua motivação

Como nos aproximamos do fim de nossa viagem e como esta sessão é dedicada à motivação, **gostaria de lhe falar, agora, sobre o que chamo de MME: o Motor de Motivação para Emagrecer.** Você sabe que, entre saber que se deve emagrecer e efetivamente fazê-lo, existem muitas nuances. E, uma vez que decidiu emagrecer e se comprometeu a fazer uma dieta, ainda assim, você atravessa algumas incertezas: dúvidas e lassidão podem atrapalhar seu caminho.

Quando tiver chegado ao seu Peso Ideal, o risco de ganhar peso novamente continuará presente, e vai aumentar com o tempo. Assim, você vai continuar precisando de uma motivação forte e constantemente recarregada.

Por todas essas razões, construí o MME: o Motor de Motivação para Emagrecer.

Na prática, em nossa vida cotidiana, efetuamos atos e tomamos decisões. Sem termos consciência, existe, em nós, um censor instintivo que **gerencia nossas escolhas em função do prazer que se espera e do desprazer que se quer evitar.**

Por exemplo: você está com fome, sua geladeira está vazia e o primeiro ponto de vendas de comida se situa a um quilômetro de sua casa. Se estiver com muita fome e os alimentos que você espera encontrar o estimulam, sua esperança de prazer torna-se grande. Mas fazer um quilômetro a pé é um verdadeiro freio: é uma fonte de desprazer que neutraliza boa parte do prazer que você espera ter. Se estiver fazendo frio, é ainda pior; se estiver chovendo, isso é o suficiente para desencorajá-lo. Mas se um amigo seu passar e lhe propuser levá-lo de carro para que jantem juntos, eis que o prazer surge novamente...

No âmbito de um projeto de emagrecimento, é a mesma coisa! Passar permanentemente do prazer ao desprazer é uma situação complexa: as satisfações que esperamos ter e as dificuldades encontradas no caminho são múltiplas e intrincadas. Elas agem em diferentes níveis: o do instinto e o da fome animal, o das emoções sentidas, o das ligações afetivas que se fazem e se desfazem, o das coisas da mente, da cultura, da estética, da espiritualidade, da valorização de si mesmo, do bem-estar, da sedução...

Nesse contexto, o MME tem por **missão, justamente, ajudá-lo a seguir sua dieta aumentando os prazeres que ela pode lhe trazer e reduzindo seus desprazeres e frustrações.** Desse modo, o MME otimiza o acompanhamento e os resultados, produzindo motivação, ardor e entusiasmo para emagrecer.

Construí o MME em dez tópicos: cinco geradores de prazer e cinco atenuadores de desprazer.

A partir de amanhã vamos começar a falar sobre o primeiro fator positivo, o da rapidez dos resultados. Trata-se da primeira fonte de satisfação ao longo de uma dieta.

Cesta de compras do dia

Em sua cesta de compras, hoje, coloque tomates. É um dos alimentos mais preciosos que existem. Claro, o tomate não é mais como era antigamente... Mas continua a ser um excelente trunfo em um período de dieta. No gosto é um fruto que reconhecemos por seu sabor doce, com um fundo ligeiramente ácido. Provavelmente, é isso que explica sua originalidade. Além disso, seu teor em licopeno antioxidante faz do tomate, juntamente com os brócolis, um dos melhores legumes de prevenção contra o câncer. E, principalmente, o tomate é ideal para diversos tipos de preparo. O mais simples é uma fatia de tomate bem vermelho com um pouco de vinagre balsâmico. Pessoalmente, recomendo o tomate recheado à moda de Nice, ou um milfolhas de tomate, berinjela e cebola (cada camada separada por um pouco de recheio de carne moída magra).

Minha lista de compras

- Leite desnatado
- Endívias, soja em grãos
- Postas de salmão
- Tomates
- Alho, cebola, salsa
- Carne moída magra
- Iogurte de frutas 0% de gordura e sem açúcar
- Biscoitos de farelo de aveia sabor coco
- Gelatina
- Aromas de frutas ou infusão de frutas

Sua receita de hoje

Tomates recheados à moda Dukan

Tempo de preparo **10 min**
Tempo de cozimento **40 min**
Serve **4** pessoas

4 tomates grandes
2 cebolas cortadas em cubos bem pequenos
2 dentes de alho picados
1 molho de salsa
300g de carne moída magra
Sal, pimenta-do-reino a gosto

1. Lave os tomates e corte a parte de cima (a "tampa"). Trabalhando em cima de um bowl ou prato, com uma colher, retire o máximo possível do interior do tomate, sem cortar as laterais. Retire as sementes, mas guarde a poupa e o suco que saiu. Adicione um pouco de sal e vire-os de cabeça para baixo, para escorrer. Lave a salsa, pique e reserve.
2. Em uma frigideira antiaderente, sue a cebola e junte a carne moída. Deixe dourar levemente. Junte o molho e salteie até ficar fragrante. Adicione a poupa e o suco de tomate reservados, e a salsa picada. Tempere com sal e pimenta-do-reino e salteie por mais 1 minuto.
3. Encha os tomates com esse recheio de carne, e feche-os com sua "tampa". Disponha-os em um refratário e asse por até 30 minutos a 180°C.

Meu diário pessoal

Espero que você tenha adquirido o hábito e, principalmente, o prazer em escrever. Lembro a você que, caso realmente precise de mim, pode me escrever um e-mail.

Fase de

Dia 40
da minha dieta Dukan

Meu peso inicial:	Meu peso atual:	total de kg perdidos:
....	....	....

Meu peso ideal:
....

Panorama do seu 40º dia

Eis uma data que tem um significado forte: quarenta dias de cruzeiro. É motivo para festejar. Se adicionarmos os dias da fase de ataque, já faz um mês e meio que lutamos juntos. A experiência deste diário de bordo é um conceito inédito, do qual tenho grande expectativa. Tenho curiosidade em saber como as pessoas que levei comigo nesse caminho seguiram tal experiência inédita. **Hoje, você volta a um dia PP.** De acordo com meus conhecimentos, esta é, depois do jejum hídrico (beber apenas água!) e os pós de proteína, a dieta mais eficaz e rápida que existe. A estrada é certamente mais estreita que as estradas das baixas calorias... mas a velocidade é ilimitada. Como é um dia em que se emagrece muito, a pior coisa seria não comer o suficiente. Isso seria contraproducente, pura e simplesmente. Sempre tenha consigo algo que possa comer: uma panqueca, alguns bastões de kani, um iogurte, uma fatia de salmão ou um ovo cozido. Finalmente, guarde este conselho na memória: não espere sentir muita fome, a tentação fica mais aguçada e pode, rapidamente, pegá-lo desprevenido.

"Escapadas" da dieta

Beber um corpo de água em caso de tentação, vontade ou mesmo de fome é a melhor decisão a se tomar no momento. Assim que a água chega no estômago, ela se espalha e ocupa uma parte. Desse modo, ela distende ligeiramente suas paredes. Terminações nervosas transmitem a informação ao cérebro, que se descontrai.

Nos minutos que se seguem, sua demanda alimentar vai diminuir um pouco. A água é um verdadeiro aliado ao longo de uma dieta. E é um aliado desconhecido! É um dos melhores **redutores de apetite** que existem, ao qual podemos ter um acesso ilimitado. Tente aumentar seu consumo de água. Os manuais de dieta, a propósito, corroboram o que eu digo (a água é criadora de uma "saciedade mecânica").

Sua atividade física

Recentemente, inúmeros estudos começaram a perturbar o bom funcionamento das coisas. **Tais estudos tenderiam a provar que a atividade física não seria tão essencial para emagrecer quanto se imagina!** A partir de um grupo de pessoas bastante esportivas, esses estudos mostraram que alguns dos sujeitos estudados emagreciam e outros, não... sendo que alguns chegavam a ganhar peso!

Na realidade, não é a própria atividade física que está em causa. É, antes disso, a sensação de fome que vem depois do esforço físico, diante da qual nada podemos fazer: depois de um esforço substancial, certas pessoas se sentem muito famintas e totalmente desarmadas diante de um sinal de alarme que vem do fundo das células; outras nada sentem... e algumas até chegam, paradoxalmente, a perder o apetite.

Mas o que é clássico e reconhecido é que **a caminhada é a atividade com o impacto mais fraco no apetite.** Essa é a razão pela qual a recomendo mais que todas as outras: uma vez adquirido o hábito da caminhada, você vai conservá-lo para o resto da vida.

Exercício do dia

- ■ **Jovem e ativo:** Hoje faremos sessenta abdominais e vinte agachamentos.
- ■ **Mais de 50 anos e sedentário:** Hoje vamos manter 24 abdominais e 13 agachamentos.

Minha mensagem de apoio para você

Pese-se todos os dias, pela manhã, e esqueça o que dizem os grandes censores de 'coloração psicológica' que veem a obsessão em qualquer parte. *Pesar-se é um gesto terapêutico. Se seu peso estagna, alguns vão dizer que você pode correr o risco de se desencorajar... Talvez... mas, de qualquer forma, é melhor saber o quanto estamos pesando. Não se pesar também tem suas consequências!*

Imaginemos que você tenha consciência de que seu peso parou de diminuir. É importante sabê-lo, pois é uma vantagem que lhe dá a motivação para 'quebrar esse pilar', para fazer o peso voltar a diminuir. E, uma manhã, o ponteiro da balança grita pela vitória! Assim, você tem uma sensação de estar vencendo e volta ao caminho certo.

Se você tiver vontade de se pesar diversas vezes por dia, não tenha vergonha: *é apenas uma informação, como aquela que uma pessoa busca ao olhar seu relógio ou seu contador de velocidade. Mas o peso de referência e comparação é o da manhã, em jejum.*

Pierre Dukan

Sua motivação

Ao longo de toda a minha vida profissional **notei que o primeiro pedido dos meus pacientes era EMAGRECER RAPIDAMENTE.** No início da dieta, eles têm vontade de começar rápido para serem projetados em direção ao sucesso!

Entre as dietas disponíveis atualmente, a mais extrema (e a mais rápida) é o **jejum hídrico**, ao longo do qual apenas a água é autorizada e na qual se exclui tudo que é sólido. Essa dieta é extrema, pois o organismo pode apenas se alimentar de suas reservas. Infelizmente, a ausência de proteínas, que são vitais para a saúde, obriga o corpo a buscar energia nos músculos... o que é uma solução muito ruim! Muito felizmente, o jejum hídrico não atrai muita gente.

Uma outra dieta rápida é a que prega **o consumo de proteínas em pó.** Com efeito, é uma dieta muito rápida, mas totalmente inadaptada ao homem, que não é um ser comedor de pó: o ser humano precisa mastigar e se alimentar de verdadeiros alimentos. Além disso, é uma dieta que não cria estabilização ou aprendizado: por esse motivo, leva a efeitos sanfona fulminantes.

Finalmente, a terceira dieta mais rápida é... **esta que recomendo a você!** Você deve gostar da rapidez com que a perda de peso se faz. Meu método propõe proteínas suficientes para que seu corpo não tenha qualquer motivo para buscá-las nos músculos. Ao contrário do que dizem os difamadores, mesmo ao longo dos três a seis dias da fase de ataque, minha dieta não é apenas composta por proteínas.

Ela também traz um pouco de glicídios lentos, como os do farelo de aveia ou dos laticínios (a lactose); a partir da fase de cruzeiro, os legumes autorizados à vontade também contêm glicídios (mas apenas um pouco). Minha dieta também tem lipídios e ácidos graxos, como o ômega 3, obtido através dos peixes, que são repletos deles.

O conjunto propõe uma dieta aberta aos três nutrientes essenciais... mas em proporções que asseguram sua eficácia. No dia em que você entrar nas fases 3 e 4 (consolidação e estabilização), terá todas as chances de nunca mais engordar. Se quiser se beneficiar plenamente da eficácia da minha dieta, coma sem se privar, varie, não espere que a fome apareça, pois ela é uma péssima conselheira. E caminhe.

Seu ambiente de saúde

Hoje vamos falar dos quadris. Essa articulação é a mais sólida do corpo, pois liga o tronco (com a cabeça e os braços) aos membros inferiores. Estes devem suportar cerca de dois terços do seu peso (a parte de cima do corpo). Se você for uma mulher com excedente de peso no busto ou um homem de barriga grande, não são apenas dois terços, mas 80% do corpo que pesam nessas articulações!

A evolução que o fato de sermos bípedes nos trouxe levou em conta essa repartição (mas não seu sobrepeso). A articulação dos quadris é extremamente sólida. Os quadris possuem um cótilo, espécie de fossa na qual a cabeça bem arredondada do fêmur se encaixa perfeitamente.

O peso do corpo é bem dividido entre os quadris. Mas, mesmo aí, uma certa predisposição à artrose, a idade e o sobrepeso acabam sempre por abusar desse belo dispositivo.

Além disso, certas populações têm uma anatomia da articulação e de seu encaixamento que favorece um suporte maldistribuído e um gasto precoce. Os bretões, em especial, costumam ter esse tipo de anatomia.

Em todo caso, não se esqueça que você deve reduzir seu sobrepeso enquanto ainda é tempo. Caso seja muito tarde, não hesite em fazer uma cirurgia (já que tais operações hoje são bem controladas).

Cesta de compras do dia

Tente não se esquecer de comprar atum em lata e sem gordura (sem óleo). Hoje, para celebrar o 40º dia de cruzeiro, quero lhe dar um pequeno presente. Se você estiver emagrecendo bem e não se encontrar em um momento de diminuição de velocidade da perda de peso ou estagnação, compre uma lata de atum com azeite, e escolha uma de boa marca para a ocasião. Abra-a e, usando a tampa, pressione o óleo que impregna o peixe, deixando escorrer bem, e delicie-se. Cuidado: este pequeno presente é para festejar nosso 40º dia, mas você não pode consumi-lo enquanto ainda estivermos na fase de cruzeiro.

Minha lista de compras

- Cacau sem açúcar
- Ovos
- Requeijão, cottage e queijo frescal 0% de gordura
- Sardinha em lata sem óleo
- Atum ao natural
- Alcaparras
- Ricota light
- Limão
- Iogurte de frutas 0% de gordura e sem açúcar
- Biscoitos de farelo de aveia sabor avelã
- Fígado de galinha
- Peito de frango
- Gelatina
- Aroma de limão

Sua receita de hoje

Sanduíche de farelo de aveia grelhado com atum (PP)

Tempo de preparo **20 min**
Serve **4** pessoas

200g de atum ao natural
2 pitadas de pimenta vermelha em pó
8 fatias de ricota light 0%
Suco de 1 limão
4 panquecas de farelo de aveia
4 colheres (café) de azeite (facultativo)
30g de alcaparras
4 pequenos pimentões vermelhos
Pimenta-do-reino moída a gosto

Esta receita contém a dose diária de azeite autorizada.

1. Escorra bem o atum e salpique com pimenta vermelha.
2. Em um recipiente, coloque a ricota com o suco de limão. Tempere ligeiramente com sal e pimenta-do-reino.
3. Grelhe as quatro panquecas de farelo de aveia e passe o azeite com a ajuda de um pincel. Escorra os pimentões, abra-os e retire as sementes.
4. Escorra as alcaparras. Espalhe o preparo com ricota nas quatro panquecas e corte cada uma em duas, adicionando um pimentão sobre cada uma. Coloque o atum escorrido e salpique com as alcaparras. Recubra com a metade de uma panqueca para formar sanduíches.
5. Você também pode substituir a pimenta por limão confitado com sal.

Meu diário pessoal

Hoje, tente se concentrar no que pensa ser **sua primeira qualidade e seu primeiro defeito**. Escreva-os neste diário. É um exercício de lucidez e modéstia.

Guarde um pouco de espaço para o melhor e o pior momento do dia em relação à sua dieta. Até amanhã.

Fase de cruzeiro • PL • Dia 41

Dia 41
da minha dieta Dukan

> Meu peso inicial:
> ....

> Meu peso atual:
> ....

> total de kg perdidos:
> ....

> Meu peso ideal:
> ....

Panorama do seu 41º dia

Ufa! Hoje os legumes voltam e, com eles, suas fibras, sua forte hidratação, seus sais minerais e seu sabor. Aproveite-os em todas as formas, preparos e cozimentos. E VARIE!

Sua atividade física

Desperte seus músculos adormecidos. Um músculo adormecido é um músculo que você nunca usa, ou usa de maneira insignificante. Você dispõe de cerca de oitocentos músculos, que pode usar como um rebanho de pequenos servos que dispõem da faculdade de queimar calorias (logo, de ajudá-lo a emagrecer). Desses oitocentos músculos, o homem da cidade utiliza apenas um terço. Os outros se tornaram praticamente, inúteis para ele. Um estudo americano mostrou que **metade das mulheres de 70 anos quando deitadas no chão não consegue mais levantar-se sozinha**, pois esse esforço inabitual sobrecarrega muito os músculos adormecidos! No entanto, todos os músculos são importantes para quem quer emagrecer.

Quando os esportistas praticam sua especialidade, funcionam com um certo número de feixes musculares: esses músculos são treinados para funcionar com um consumo mínimo de energia (para serem resistentes ao cansaço). Entende aonde quero chegar? **Seus músculos adormecidos que, por definição, não são treinados, queimarão muito mais calorias do que os que você usa regularmente.** Em seu rebanho, você tem grandes consumidores, que deveria solicitar com mais frequência.

Você vai me perguntar: **"Quais são os meus músculos adormecidos?"** Isso depende muito de seu modo de vida e de seu tipo de atividade. Quer você seja destro ou canhoto, aplique-se a fazer funcionar **o lado oposto à sua lateralidade dominante.**

Outro grupo de músculos que praticamente nunca usamos **são os das costas, do pescoço e da lombar** (os músculos que envolvem a coluna vertebral). Alongue-se para o alto quando estiver sentado. Os tríceps (parte posterior do braço) também são pouco usados. **Seus ísquio-tibiais** (parte de trás das coxas) também trabalham muito menos que os músculos anteriores das coxas. A mesma coisa acontece com os **adutores das coxas,** que apenas os cavaleiros utilizam, quando apertam as coxas quando montam.

Se quiser saber como usar todos os seus músculos "adormecidos", você encontrará na internet (inclusive em meu site) inúmeros vídeos com exercícios para cada grupo muscular.

Exercício do dia

- ■ **Jovem e ativo:** Hoje faremos sessenta abdominais e vinte agachamentos.
- ■ **Mais de 50 anos e sedentário:** Hoje vamos manter 24 abdominais e 13 agachamentos.

Seu ambiente de saúde

Gostaria de lhe fazer uma pergunta importante: **você bebe água suficiente?** Beber água faz com que você elimine mais rapidamente os dejetos e com que desintoxique seus tecidos. Além disso, a água é um excelente moderador de apetite. Não beber durante as refeições faz com que você coma mais **(muitas pessoas "comem porque estão com sede").**

Quando perdemos o hábito de beber (como costuma ser o caso), o corpo procura obter água nos levando a alimentos que a contêm: laticínios, legumes, frutas, sorvete, refrigerante, cerveja ou até mesmo a batata... Às vezes, você pensa que ainda está com fome, mas, inconscientemente, é a água que está procurando. E, além disso, beber água sem gás (juntamente com uma alimentação pouco salgada) facilita a drenagem e tem utilidade contra a retenção de líquidos. Você também pode beber águas aromatizadas sem açúcar, que tornam a água menos "transparente".

"Escapadas" da dieta

Quero chamar sua atenção para o que chamo de **"seus momentos e lugares vulneráveis"**. Se quiser ter êxito em seu projeto de perda de peso, isso é um elemento de primeira importância. Você sabe que ao passar em frente a certas padarias o cheiro do pão quente é uma armadilha na qual pode acabar caindo? **Durante o dia, também existem certos momentos de risco**. Talvez seja o café da manhã... Mas também conheço pacientes que não sentem muita fome de manhã. A partir das 17 horas em contrapartida, podem engolir tudo que veem pela frente.

No seu caso, não sei que lugares ou horários são os mais vulneráveis. **Mas você sabe bem quais são,** e peço que pense neles. Não deve ser muito difícil, pois não variam muito. **Pode ser o meio da manhã, pelas 11 horas,** principalmente para aqueles que têm (ou tinham) o hábito de consumir glicídios rápidos, que são eliminados em alta velocidade pela insulina, deixando o organismo em pane de açúcar, com um apetite de reação violenta uma ou duas horas antes da refeição principal.

Existe, também, **os que sentem muita fome na hora do almoço**, no restaurante ou na cantina. Mas, na minha opinião, o momento mais perigoso é o final da tarde, às 17 horas. É essencial ter o que é preciso nas mãos, para não cair na armadilha da vontade de comer.

Também é importante tomar cuidado com certos hábitos... Atenção, por exemplo, quando **comprar pão** para a família, pois você pode acabar comendo um pedaço no caminho até sua casa... Peça uma embalagem de proteção, para não ver o quanto é crocante e não sentir o cheiro do pão. Quando estiver em casa, **cuidado com a geladeira,** que o espera pacientemente. Tente nunca deixar abertos os pacotes destinados aos seus filhos (queijo, salames, pastas etc.). No jantar, sirva-se na cozinha, para não ter chance de se servir uma segunda vez. Prepare pratos bem-servidos de legumes, caso seja um dia PL. Aprenda **a valer-se das proteínas, dos legumes e da água como três excelentes quebra-mares de seu apetite:** juntos, eles podem acalmar a fome que você sente no jantar. E, finalmente, desconfie das visitas à despensa depois do jantar (quando, durante um filme ou um programa na televisão, você se levanta sem saber muito bem o que está procurando).

Também é importante levar em conta um comportamento comum a todas as pessoas em sobrepeso: **quando um prato estiver cheio, ele será esvaziado** — os obesos comem sistematicamente tudo que está no prato, não importa a quantidade.

Posso lhe garantir: não é o caso de pensar nesses detalhes todos os dias, basta apenas identificar suas falhas e trazer uma solução para elas, fazendo dessa solução um hábito maior.

Sua motivação

"Estou vendo meu corpo mudar, estou voltando a ser eu mesmo": é o que você vai poder dizer a si mesmo ao se ver emagrecer com prazer.

Ontem descobrimos juntos o primeiro fator gerador de prazer do Motor de Motivação para Emagrecer: o do prazer em perder peso (o início rápido dessa perda em meu método aumenta a motivação).

Hoje quero lhe falar sobre o segundo elemento que aguça a motivação: **o de ver seu corpo e sua imagem melhorarem muito rapidamente.** A dieta que você está fazendo atualmente é rica em proteínas, e essas possuem o que chamamos de "efeito hidrófugo". Isso significa que as proteínas capturam a água e desintoxicam o corpo, o que pode ser rapidamente percebido em suas medidas. Além disso, as proteínas protegem os músculos e os tornam mais firmes. Com o mesmo peso, o corpo fica menos volumoso, e isso é percebido tanto nas sensações do corpo e na autoimagem quanto nas roupas.

As proteínas também protegem a pele e reforçam a tonicidade geral do corpo.

Por fim, homem ou mulher, você se sente melhor com seu corpo... Esse é um excelente efeito de gratificação e de treinamento para o prosseguimento da dieta.

Minha mensagem de apoio para você

Comemos apenas o que possuímos e só terminamos o que começamos. É uma lei que criei com o tempo, graças ao meu conhecimento dos maus hábitos alimentares. Leve isso em conta.

Antes de mais nada, **não compre alimentos aos quais você não consegue resistir.** Sei muito bem que, quando não moramos sozinhos, devemos comprar coisas para toda a família ou para nosso companheiro. Mas você tem certeza de que sua família precisa disso tudo? Não acumule provisões, compre o estritamente necessário, mesmo que tenha de fazer compras todos os dias. E tome cuidado com os alimentos que vêm em pacote: um pacote aberto é sempre tentador!

Tente comprar pacotes de uma dose ou pacotes contendo sachês individuais com pequenas doses. Se sua família for grande, compartilhe e distribua quando o pacote estiver aberto.

E, finalmente, saiba que um alimento arriscado ou aberto sempre exerce **sua sedução quando está no seu campo de visão.** Sendo assim, coloque-o na despensa, se possível, nos fundos, longe dos olhos! Não tente se fazer de mais heroico do que de fato é: **diante da comida, somos todos crianças.**

Pierre Dukan

Sua cesta de compras do dia

Hoje, um viva às endívias! Escolha endívias bem bonitas e carnudas. Lave-as bem, pois as primeiras folhas podem vir cheias de terra. Você pode prepará-las no forno, com uma bela fatia de peito de peru e um pouco de molho bechamel Dukan (para quatro endívias, dissolva 40g de amido de milho em meio litro de creme de leite, com sal, pimenta-do-reino e noz-moscada, em fogo brando).

Você também pode fazer uma salada com as endívias, usando um molho de queijo. Prepare seu molho com requeijão, um pouco de vinagre e aroma de queijo, que você encontra na internet.

Minha lista de compras

- Requeijão e cottage 0% de gordura
- Rúcula, beterraba, funcho
- Limão
- Endívias
- Ovos
- Leite desnatado
- Tomate, abobrinha
- Iogurtes 0% de gordura e sem açúcar
- Vieiras
- Vinho branco para cozimento
- Creme de leite light
- Sorvete de iogurte light

Sua receita de hoje

Salpicão de frango

Tempo de preparo **20 min**
Tempo de refrigeração **2 horas**
Serve **5 pessoas**

1 peito de frango grande temperado, cozido e desfiado*
1 xícara de alho-poró cortado fino e refogado
1 cebola
2 cenouras pequenas raladas bem finas
Salsinha/cebolinha a gosto
1 dente de alho
Sal a gosto
Pimenta a gosto
1 iogurte desnatado light (sem soro)
2 colheres (sopa) de queijo cottage (sem soro)
1 Polenguinho light
1 colher (sopa) de creme de cottage light ou pasta de ricota light
1 concha de caldo de frango reservado do cozimento
1 colher (chá) de gengibre em pó (opcional)

1. Para o molho, bata no mixer o iogurte desnatado, o queijo cottage, o Polenguinho light, o creme de cottage, o caldo de frango reservado e o gengibre em pó (se desejar).
2. Ajuste o sal, os temperos e veja se precisa de um pouco mais de caldo. Este molho é espesso e cremoso.
3. Misture ao peito de frango e aos legumes picados e leve à geladeira por duas horas.

* reserve o caldo do cozimento

Meu diário pessoal

O ato de escrever uma mensagem endereçada a si mesmo proporciona sempre um pequeno momento de verdade. Vou lhe fazer uma confidência: todos os dias também escrevo em um pequeno caderno verde, que é meu jardim secreto. E tenho o hábito de reler a mim mesmo. O que escrevo me interessa e me serve ao mesmo tempo. Realmente acho que, se você adquirir esse hábito, não vai se arrepender. Saint Exupéry dizia que só podemos ser seres humanos se tivermos escrito um livro!

Fase de cruzeiro • PP • Dia 42

Dia 42
da minha dieta Dukan

Meu peso inicial:
....

Meu peso atual:
....

total de kg perdidos:
....

Meu peso ideal:
....

Panorama do seu 42º dia

Dia de proteínas puras. Espero que, ontem, você tenha aproveitado tão bem os legumes que, hoje, esteja saturado! O tempo passa rápido. Hoje, as proteínas puras podem ajudá-lo a perder essas últimas centenas de gramas que, adicionando-se umas às outras, vão fazer com que, muito em breve, você chegue ao seu objetivo.

Seu ambiente de saúde

Anteontem falei sobre o sono. Gostaria de voltar ao assunto, com um pequeno presente, **um pequeno segredo pessoal que me traz muita felicidade.** Pessoalmente, tenho medo de não dormir bem, pois, no dia seguinte, me sinto irritado, vulnerável e menos vivaz. Tenho um pequeno segredo para adormecer rápido. Vou lhe contar: quando você quiser dormir rápido, feche os olhos e **concentre sua atenção mental nas duas sílabas da palavra DOR-MIR.** Diga a palavra mentalmente, inspirando quando disser DOR e expirando quando disser MIR. Quando pronunciar interiormente cada metade da palavra "dormir", **tente não pensar em nada além dessa meia palavra.** Assim, você fecha a porta a todas as outras ideias, imagens ou representações que tentam penetrar no campo da sua consciência.

No dia seguinte você vai acordar sem ter se dado conta de ter adormecido... **O que estou lhe contando aqui é um dos meus melhores segredos. Aproveite seus benefícios e compartilhe com os outros, é uma verdadeira felicidade.**

Sua atividade física

Hoje eu gostaria de lhe ensinar uma coisa. Quando você faz um músculo ou um grupo de músculos funcionar contra certa resistência, ou seja, fazendo-o produzir um esforço consequente, esse músculo começa a consumir energia de forma intensa. O que você talvez não saiba é que, depois de ter parado de produzir esforço, as células musculares solicitadas **continuam a consumir energia** — é verdade, bem menos que durante o esforço... mas o suficiente para que o gasto seja mensurável em um eletromiograma. O que é importante saber é que essa contração mínima vai continuar, tanto durante o dia quanto durante a noite, por até setenta e duas horas. Apenas ao cabo dessas horas tudo vai parar e o músculo vai voltar ao estado anterior.

Para concluir, se você tem uma atividade física, além da caminhada, que solicita vigorosamente sua massa muscular, deve praticá-la **pelo menos duas vezes por semana.** Por atividade física muscular intensa quero dizer subir escadas, quatro, cinco ou até mesmo seis andares, sem parar

Exercício do dia

- **Jovem e ativo:** Hoje faremos sessenta abdominais e vinte agachamentos.
- **Mais de 50 anos e sedentário:** Hoje vamos manter 24 abdominais e 13 agachamentos.

Minha mensagem de apoio para você

Se você quiser emagrecer deve se casar com a SFP. O quê? **A SFP: Sua Força Própria.**

Alguns têm a sorte de viver permanentemente com ela, outros a encontram apenas em certos momentos, outros são totalmente desprovidos dela (são as pessoas que sofrem de depressão).

A origem dessa força é mista, pois é metade psíquica e ligada ao seu bem-estar interior, metade física e ligada ao seu modo de vida. Você pode trabalhar nessas duas vertentes.

Quanto ao bem-estar interior, já que você está realizando um projeto importante, lance-se o desafio e vença-o: seu sucesso tem por propriedade lhe trazer energia psíquica. **Quanto à vertente física,** é só começar a se mexer: quanto mais você se movimentar, mais vai gerar energia física.

Quando estiver se exercitando, oxigene-se: respire profundamente. O oxigênio é um tesouro precioso, ao qual não prestamos bastante atenção. Devemos respirar plenamente conscientes, e profundamente, se quisermos queimar e eliminar os dejetos do organismo.

E, também, proteja-se do cansaço: não abuse de suas reservas e procure fazer algumas pausas durante o dia. **Aprenda a relaxar:** alongue-se no chão, feche os olhos e, durante alguns minutos, tente expulsar do pensamento todas as ideias que queiram surgir. Você vai ficar surpreso ao constatar que, efetivamente, a todo instante, os pensamentos rondam sua consciência e tentam se implantar nela, se desenvolver.

Com o tempo, você vai aprender a esvaziar a mente. Aos poucos, vai conseguir expulsar esses pensamentos, a não deixá-los vir o tempo todo... **Quando conseguir, vai ter aprendido a medi-**

tar: *é o termo usado na psicoterapia. Quando aprender a meditar, vai conseguir, por exemplo, adormecer com facilidade em poucos segundos, qualquer que seja seu estado.*

Quando tiver terminado seu relaxamento, você vai se sentir melhor. Depois de alguns minutos de desligamento, a seiva volta a jorrar das raízes.

Pierre Dukan

Sua motivação

Hoje vamos abrir **a terceira janela** positiva do MME. Depois do prazer em emagrecer rápido e de ter novas percepções sobre seu corpo, eis a terceira fonte de motivação: trata-se do **imenso prazer em sentir orgulho de si mesmo, capaz de conseguir passar ao ato.** Ser capaz de emagrecer nos torna orgulhosos, pois o sucesso faz com que nos sintamos valorizados e reforça nossa autoestima. Emagrecer e ver, todos os dias, o ponteiro da balança descendo é uma fonte de contentamento. É ainda mais satisfatório por se ter aprendido alguma coisa, se ter entendido profundamente as raízes do problema. Emagrecer e aprender a emagrecer ao mesmo tempo é um projeto difícil: conseguir algo que nem todos conseguem lhe agrega valor.

O fato de ter vivido esse percurso, em companhia dos legumes e das proteínas autorizados, certamente fez com que você entendesse que **esses alimentos são seus amigos.** Essa convicção intuitiva vai permanecer em você por muito tempo: é com esse postulado que você vai construir a estabilização durável do seu peso. Sentir-se bem consigo mesmo e com seu corpo, voltar a ter autoconfiança e poder de sedução, tudo isso cria uma profunda motivação, e essa motivação deve ser cultivada.

"Escapadas" da dieta

Ontem procurei sensibilizá-lo quanto aos momentos e lugares em que você fica mais vulnerável à comida. É importante que você saiba identificar essas zonas de alto risco. Você tem uma enorme vantagem, que é **conhecer as horas e os lugares perigosos.** Você sabe exatamente quando e em que momento eles o atacam... Então, não vai se deixar enganar por eles. Se você fica **faminto na parte da manhã** e cai facilmente em armadilhas, deve tomar um café da manhã rico em proteínas: ovos, iogurtes, panqueca de farelo de aveia... e presunto de peru, se for preciso!

Às 17 horas é a **"hora do crime"**, o momento de todos os perigos: é importante que você sempre tenha consigo alguma coisa para afrontá-lo. O ideal é comer um kani, se você gosta de kani, ou iogurtes, biscoitos e barras de farelo de aveia sem adição de açúcar e gordura.

Depois do jantar, se você é do tipo que ronda a despensa e a geladeira, não se esqueça que você também pode comer um "alimento tolerado". Não se esqueça de que você também pode comer um "alimento tolerado", como, por exemplo, um pouco de cacau sem gordura diluído em algum laticínio. A melhor resposta ao agente tentador é saber se organizar e se prevenir.

Cesta de compras do dia

Hoje proponho que você coloque **truta em seu carrinho de compras.** É um peixe que tem uma bela carne branca, firme e flocosa, macia na boca. Além disso, você praticamente não vai encontrar espinhas. Use bastante suco de limão em sua posta de truta, salpique com aipo e deixe marinando alguns minutos, antes de cozinhar na frigideira.

Minha lista de compras

- *Leite desnatado*
- *Cacau sem gordura*
- *Presunto magro*
- *Ovos*
- *Truta defumada*
- *Linguado*
- *Escalope de vitela*
- *Limões*
- *Iogurtes 0% de gordura e sem açúcar*
- *Queijo frescal 0% de gordura*
- *Ovas de salmão ou de truta*
- *Endro ou dill*

Sua receita de hoje

Ovos mexidos com ovas de salmão

Tempo de preparo **15 min**
Tempo de cozimento **10 min**
Tempo de refrigeração **10 min**
Serve **2** pessoas

3 ovos inteiros
2 colheres (café) de ovas de salmão
2 claras batidas
2 iogurtes 0% de gordura
Sal, pimenta-do-reino a gosto

1. Em uma pequena panela funda, quebre os ovos, adicione o sal e a pimenta-do-reino. Cozinhe em fogo muito brando, sem parar de mexer com uma colher de pau (como se estivesse desenhando "oitos").
2. Quando os ovos estiverem bem mexidos, com a consistência de um creme, coloque-os em pequenos recipientes.
3. Faça um "chantilly" com as claras de ovo batidas em neve, o iogurte, o sal e a pimenta-do-reino.
4. Coloque sobre os ovos e decore com ovas de salmão.
5. Reserve na geladeira até o momento de servir.

Meu diário pessoal

O que você vai escrever sobre o dia de hoje? Como você viveu esse dia e como o classificaria? Foi um dia globalmente satisfatório ou insatisfatório? Tente se concentrar no que fez o dia balançar para o lado bom ou para o lado ruim; o que determina sua escolha?

Fase de cruzeiro • Semana 8

Semana 8
da minha dieta Dukan

Minha "estratégia de felicidade"

Guardei os dois últimos diamantes para o final. As sete primeiras necessidades são comuns a todos os mamíferos. Em contrapartida, a necessidade do sagrado é uma aspiração propriamente humana. Com a consciência, o homem descobre a morte... e a angústia de sua iminência. Assim, a necessidade do sagrado aparece, para nos ajudar a viver com essa horrível espada de Dâmocles sobre nossas cabeças.

Há muitas décadas, a sociedade de consumo prospera com a "morte de Deus" e a rejeição à religião. **Mas o sagrado vai muito além do religioso!**

O sagrado anima tudo que é profundo, nobre e desinteressado em nós. O primeiro gesto sagrado é ajudar alguém e, nesse ato, encontrar prazer, alegria, contentamento, honra... serotonina e felicidade.

Autoavaliação:

☐ Sou muito apegado ao sagrado

☐ Gostaria de me aproximar do sagrado

☐ Não é "a minha praia"

O segredo da semana: transforme suas perdas de tempo em perdas de peso

Você nunca tem tempo suficiente? O exercício o entedia ou cansa, mas, ao mesmo tempo, você gostaria de emagrecer. Você é a pessoa que vai adorar este segredo. Em vez de perder tempo — você, que não o tem —, indo para sua academia de ginástica, inclua o equivalente dessa atividade nos recantos e tempos mortos de seu dia. Ou, melhor ainda, acrescente-a nas tarefas ou atividades que você deve fazer. Por exemplo: você tem de escovar os dentes. Você adoraria escová-los cuidadosamente, mas está apressado e não gosta muito de fazê-lo. Então, enquanto escova seus dentes — o que pode, facilmente, durar 3 minutos —, faça pequenas flexões das pernas de pé, diante do espelho, e cante mentalmente para que tudo se passe da maneira mais agradável. Em vez de esperar o elevador, desça rápido as escadas! Enquanto estiver esperando o ônibus, caminhe. Se estiver no metrô, fique de pé, sem se apoiar. Precisa lavar a louça? Lave com as mãos, não na máquina. Você não vai ter que passar água, colocar tudo na lava-louças e depois retirar. Você tem que pegar alguma coisa que caiu no chão? Não se curve dobrando o tronco para a frente, mas dobre os joelhos. Seu corpo é sua própria metade, a única que pode ajudá-lo a emagrecer e lhe proporcionar bem-estar.

Minhas medidas esta semana

Circunferência peitoral:	Circunferência da cintura:	Circunferência dos quadris:	Circunferência das duas coxas:
....	....	....	....

Sugestões de cardápios para a semana

		Meu café da manhã	*Meu* almoço	*Meu* lanche	*Meu* jantar
SEGUNDA--FEIRA	PL	Bebida quente Cottage 0% de gordura Mingau de farelo de aveia com canela	Dips de legumes (cenoura, couve-flor, tomate-cereja) com requeijão 0% de gordura e ervas finas Filé de robalo Funcho no vapor Creme de caramelo com ágar-ágar ou gelatina sem sabor	1 Iogurte de frutas 0% de gordura e sem açúcar 1 biscoito de farelo de aveia Dukan sabor avelã	Bresaola **Shiratakis com legumes mediterrâneos grelhados na chapa**
TERÇA--FEIRA	PP	Bebida quente Rabanada (com base de pão de farelo de aveia caseiro) Ricota light + aroma de baunilha	Coquetel de camarão **Mil-folhas de frutos do mar** Petit gâteau Dukan	Queijo frescal 0% de gordura	Ostras Camarões VG com ervas ao forno Merengue
QUARTA--FEIRA	PL	Bebida quente 30g de pepitas de farelo de aveia sabor frutas vermelhas Leite desnatado e/ou requeijão 0% de gordura Iogurte 0% de gordura	Salada de tomates-cereja Cozido de peixe Cottage 0% de gordura	Queijo frescal 0% de gordura 1 muffin de farelo de aveia	Salada de cenoura com cominho Almôndegas de carne à moda oriental **Compota de funcho com cúrcuma** Mousse aerada de pistache

136

QUINTA- -FEIRA	PP	Bebida quente 1 panqueca de farelo de aveia **1 omelete de claras de ovos** Cottage 0% de gordura	Tofu tandoori Omelete com requeijão 0% de gordura Ricota light	1 iogurte 0% de gordura e sem açúcar com essência de coco 2 biscoitos de farelo de aveia Dukan sabor coco	Mexilhões à marinière Vieiras refogadas com espuma de baunilha Bavaroise "loucura branca"
SEXTA- -FEIRA	PL	Bebida quente Pão de mel caseiro de farelo de aveia Queijo frescal 0% de gordura	Salada de endívias e coelho com molho de mostarda Cenoura grelhada com cebola 1 iogurte 0% de gordura, sem açúcar	1 iogurte 0% de gordura e sem açúcar sabor morango 1 biscoito de farelo de aveia Dukan sabor avelã	Salada de tomate e pimentão **Repolho recheado** Mousse de tofu cremoso com cottage
SÁBADO	PP	Bebida quente 1 panqueca de farelo de aveia 1 ovo frito + bacon light	Bresaola **Escalope de vitela à milanesa** Shiratakis com 2 colheres de molho de tomate 1 iogurte 0% de gordura, sem açúcar	Queijo fresco 0% de gordura 2 biscoitos de farelo de aveia Dukan sabor coco	Pasta de atum sem óleo com maionese Dukan Medalhões de linguado com salmão Sorvete de iogurte Dukan sabor baunilha
DOMINGO	PL	Bebida quente 30g de pepitas de farelo de aveia sabor caramelo Leite desnatado e/ou queijo fresco 0% de gordura Iogurte 0% de gordura	Rabanete negro com sal Salada do mar fresca, com funcho, kani e camarão Queijo frescal 0% de gordura	Queijo frescal 0% de gordura	**Salada de pimentões grelhados** Lasanha de berinjela com tofu Pudim ou flan zero

137

Fase de cruzeiro · PL · Dia 43

Dia 43
da minha dieta Dukan

Meu peso inicial:	Meu peso atual:	total de kg perdidos:
....	....	....

Meu peso ideal:
....

Panorama do seu 43º dia

Hoje, novamente, você pode comer legumes. Não costumo seguir muito minha própria dieta, mas, quando o faço, tenho tanta paixão por legumes e por vinagre balsâmico que sofro um pouco com as proteínas puras. Já os dias de proteínas + legumes não me fazem, de forma alguma, ter a sensação de estar de regime.

"Escapadas" da dieta

Ao longo de uma dieta, **uma a cada três escapadas alimentares acontecem diante da televisão!**

O cérebro tem dificuldade em se concentrar em duas coisas ao mesmo tempo. Isso me faz pensar nas janelas informáticas: abrir uma nova janela costuma mascarar a anterior. Quando você assiste a um filme, principalmente se for de suspense ou drama, acaba comendo sem ter plena consciência do espetáculo sensorial que se produz em sua boca. Assim, você acaba precisando comer mais para ter a mesma sensação de saciedade. É por isso que é tão desaconselhável comer assistindo programas de televisão...

Em vez disso, proponho que você pedale. Coloque uma bicicleta ergométrica na frente da TV: você vai pedalar durante o filme ou o programa que quiser assistir, no seu ritmo, sem qualquer resistência e de maneira automática! Saiba, a propósito, que cada minuto de bicicleta equivale a 1 minuto de caminhada (e se quiser comprar uma bicicleta ergométrica para usar em casa, escolha uma que registre as calorias queimadas).

Sua atividade física

Cante, é algo mágico! Sim, coloquei essa ocupação peculiar no âmbito da sessão "atividade física", pois cantar realmente é algo físico... e mais intenso do que imaginamos, quando realmente nos dedicamos! **Cantar com os pulmões cheios vai ajudá-lo a queimar calorias.** Além dessa trivial atividade de combustão, o canto é da ordem da arte e, ao mesmo tempo, da expressão corporal. Sim, quando canta, quaisquer que sejam seus dons, você tenta cantar tão bem quanto pode, pois escuta o que sai de sua laringe; inconscientemente, você modula o fluxo para que o que exprime seja tão belo e harmonioso quanto for possível.

Você também tenta respeitar o ritmo, e é seguindo-o que você vai ter boas chances para treinar espontaneamente seu corpo para dançar. Cantar **é seguir ou descobrir um dos objetivos mais gratificantes do homem: produzir o belo.** Experimente. Caso lhe digam que você não tem muito talento para a coisa, cante quando estiver sozinho. Acredite em mim, a prática e o prazer sentido podem rapidamente despertar os seus dons ocultos ou adormecidos.

Exercício do dia

- **Jovem e ativo:** Hoje faremos sessenta abdominais e vinte agachamentos.
- **Mais de 50 anos e sedentário:** Hoje vamos manter 24 abdominais e 13 agachamentos.

Minha mensagem de apoio para você

Mastigue, mastigue! Você vai emagrecer bem mais rápido! *Mastigar bem é um ótimo hábito, que você deve adquirir. Isso também lhe dará melhores chances de estabilizar seu peso.*

Por quê? Como? *A resposta se dá em apenas duas palavras:* **"saciedade sensorial."** *Quando você entra em contato com um alimento, quando o vê, sente, coloca na boca, umidifica, mastiga, fazendo passar pelo palato, pelas bochechas e pela língua, para, em seguida, engolir, todo esse processo produz uma infinidade de sensações que chegam ao seu cérebro.*

Essas sensações acumulam-se nele, fazendo com que a capacidade sensorial aumente lentamente, e quando atinge um limite, ative essa famosa e preciosa saciedade sensorial. Além disso, quanto mais você mastiga e tritura um alimento ao salivar, mais libera o sabor contido nele.

É algo que demanda um pouco mais de tempo, mas... **você está com pressa de acabar o prazer que tem quando come algo gostoso?** *Faça a seguinte experiência: pegue um grão de café inteiro e engula sem mastigar (zero sensação). Pegue um segundo grão e mastigue-o: você vai presenciar uma explosão de sensações.*

Por conseguinte, quanto mais você gostar de uma determinada comida, mais deve mastigá-la, como faria com um chiclete, até que eia libere todo o seu poder sensorial na boca.

Tudo que você ingere sem ter tirado integralmente a mensagem sensorial será contado em calorias... mas uma parte do prazer que poderia ter sido obtido lhe terá escapado.

Pierre Dukan

Sua motivação

Há três dias venho falando do Motor de Motivação para Emagrecer, pois tenho certeza de que essa ferramenta pode ajudá-lo, tanto ao longo da dieta quanto depois dela (nas fases de manutenção do peso obtido).

O que é o MME? É um motor de duas faces, munido de dez elementos capazes de reforçar e manter sua motivação. **Por um lado, existem os cinco geradores do prazer de emagrecer e, do outro, os cinco atenuadores do desprazer de emagrecer.** Já lhe apresentei o prazer que vem com a rapidez da perda de peso, com a melhoria da imagem do corpo e a experiência agradável do sucesso. **Hoje, eis o quarto prazer: trata-se do prazer de descobrir e cozinhar receitas novas,** não apenas saborosas, mas que também vão facilitar o emagrecimento.

Inúmeros são aqueles que, quando começam uma dieta para emagrecer, esperam contar calorias, reduzir quantidades e ver desaparecer o prazer de se alimentar. Na minha dieta, isso não existe! **Você não precisa nem contar calorias, nem quantidades e, menos ainda, o prazer.** Reduzir os alimentos muito gordurosos ou açucarados não é sinônimo de perda de prazer. Reduzir a intensidade excessiva de certas sensações na boca não significa reduzir o sabor dos alimentos... e, menos ainda, sua associação.

Pense que, atualmente, existem cerca de **2 mil receitas preparadas a partir dos 100 alimentos autorizados** à vontade em meu método (mais os alimentos complementares, em fase de consolidação). Boa parte dessas receitas é oriunda da comunidade formada por meus leitores e internautas. Elas chegam de todos os países em que meu método é usado. Neste diário de bordo você vai encontrar algumas delas, mas também pode encontrar outras no site www.dietadukan.com.br, assim como em diversos sites, fóruns e blogs de amigos. **Aconselho ardentemente que você cozinhe.** Cozinhar, além de ser algo prazeroso, também lhe permite saber exatamente o que está na sua receita e ter melhor consciência da qualidade dos alimentos.

Além disso, cozinhar é a prova de que você continua na luta, que sua dieta é importante para você.

E, finalmente, se você tiver filhos, eles também podem sentir vontade de cozinhar quando o virem na cozinha.

Seu ambiente de saúde

Hoje eu gostaria de falar da gravidez. Se você for uma mulher jovem e sem filhos, provavelmente os terá um dia. Logo, isto vai lhe interessar. Se já tiver passado da idade de ficar grávida, esta sessão vai lhe trazer boas lembranças... ou, talvez, você tenha uma filha ou uma nora. E, finalmente, se você for homem, deve ter filhos (ou vai ter um dia) e poderá ajudar sua mulher.

O que fazer quando ao início de uma gravidez já se está em sobrepeso ou obesa? Antes de mais nada, peça ajuda ao seu obstetra. Em geral, esses especialistas desconfiam tanto das dietas quanto do sobrepeso... No entanto, se seu sobrepeso for ameaçador para você e seu bebê, o especialista vai aceitar enquadrar e melhorar sua alimentação. Em contrapartida, se seu sobrepeso não for ameaçador, você vai ter de se virar sozinha. Algumas mulheres, preocupadas com o primeiro parto ou já advertidas depois de muitos partos, recusam-se, com toda a energia possível, a ganhar MUITO peso durante a gravidez. Elas gostariam de viver e se alimentar sem ganhar mais de 12 ou 13kg ao longo desses nove meses tão peculiares. Na realidade, **aquilo que o corpo de uma futura mãe mais precisa são proteínas,** que compõem o essencial de um embrião e, em seguida, de um feto. Trata-se, então, da carne animal, carnes e peixes + ovos e laticínios.

A mulher grávida também deve consumir legumes, muitos legumes, para que a criança que chega também se apegue a eles. Ela também pode comer uma porção de queijo, duas fatias de pão integral e duas frutas por dia, assim como duas porções de feculentos por semana. Isso compõe uma base satisfatória, tanto para a mãe quanto para a criança que vai chegar.

O resto é apenas prazer... Este último faz parte da vida, mas também é preciso ficar de olho na balança. Em todo caso, a mulher grávida deve consumir o mínimo possível de açúcar branco e farinha branca (assim como tudo que a indústria produz com esses dois ingredientes de altíssima penetração), para não hipertrofiar o pâncreas do bebê. Evidentemente, não se deve beber álcool algum: nem mesmo um copinho.

Cesta de compras do dia

Hoje à noite, prepare na chapa três legumes que são uma delícia juntos: grandes cebolas doces espanholas, abobrinhas e berinjelas. Coloque um pouco de azeite na chapa antes de tirar o excesso com papel-toalha, como de hábito. Depois, corte belas fatias dos legumes e grelhe a superfície, deixando a parte de dentro bem macia. Você vai adorar!

Minha lista de compras

- Requeijão 0% de gordura
- Leite desnatado
- Farelo de trigo e farelo de aveia
- Legumes crus para comer em dip
- Pimentão, abobrinha, cogumelos
- Iogurtes de frutas 0% de gordura e sem açúcar
- Biscoitos de farelo de aveia sabor avelã
- Shiratakis
- Salsa, tomilho, alho
- Aroma de conhaque, baunilha e caramelo
- Adoçante
- Gelatina
- Bresaola
- Robalo
- Limão
- Funcho
- Ágar-ágar

Sua receita de hoje

Shiratakis com legumes mediterrâneos grelhados na chapa

Tempo de preparo **10 min**
Tempo de cozimento **20 min**
Serve **4** pessoas

Tomilho fresco picado
Salsa fresca picada
4 colheres (café) de azeite
1 colher (café) de aroma de conhaque
4 colheres (café) de vinagrete balsâmico
4 colheres (sopa) de água
1 dente de alho picado
2 pimentões vermelhos cortados em fatias
2 pimentões verdes cortados em fatias
2 abobrinhas cortadas em quatro, no sentido do comprimento
15 cogumelos de Paris cortados em quatro
12 tomates-cereja cortados em dois
400g de shiratakis
Sal, pimenta-do-reino moída na hora a gosto

Esta receita contém a dose de azeite diária autorizada.

1. Em um recipiente, misture as ervas, o azeite, o aroma, a água e o vinagre balsâmico. Mexa tudo e adicione todos os legumes cortados. Deixe descansar por 2 horas. Ligue a chapa, disponha os legumes retirados da marinada sobre ela e cozinhe até que fiquem grelhados, virando de vez em quando. Durante o cozimento, regue com um pouco do resto da marinada, guardando ainda uma parte para os shiratakis.
2. Leve uma panela com água ao fogo alto e espere a água ferver. Escorra e lave os shiratakis com bastante água fria corrente.
3. Adicione os shiratakis à água fervente e cozinhe durante 1 ou 2 minutos. Escorra a água quente e passe rapidamente na água fria, para lavar.
4. Misture os legumes grelhados com os shiratakis e o restante da marinada. Adicione um pouco de vinagre balsâmico, se necessário. Tempere com sal e pimenta-do-reino.

Meu diário pessoal

Você já começou a reler os textos deste diário? Se ainda não o fez, comece agora. Você vai ficar surpreso ao descobrir muitos elementos que vão ajudá-lo a emagrecer.

Fase de cruzeiro · PP · Dia 44

Dia 44
da minha dieta Dukan

> Meu peso inicial:
> ....

> Meu peso atual:
> ....

> total de kg perdidos:
> ....

> Meu peso ideal:
> ....

Panorama do seu 44º dia

E eis que começa mais um belo dia de proteínas puras. Hoje você está no campo de batalha. Sua missão é perder um pouco de peso e não estagnar. Escolha as proteínas puras de acordo com seu gosto, entre carne ou peixe, frutos do mar ou aves, ovos ou laticínios; mas não se esqueça do tofu! Nenhum desses alimentos é limitado. E beba bastante água para eliminar bem, você vai ser recompensado.

Sua atividade física

As escadas são sua melhor academia de ginástica. Você sabia que CINCO degraus de escada queimam UMA caloria e que um andar inteiro queima quatro ou cinco calorias (de acordo com o prédio)? No total, subindo cinco andares, você queima 25 calorias (e, ao descer, queima mais sete calorias, em um total de 32 calorias). Se você subir cinco andares apenas duas vezes por dia, todos os dias, vai perder um total de 23 mil calorias ao final de um ano (ou seja, 3kg de gordura eliminados).

Quando você toma a decisão de subir as escadas, o hábito se inscreve em seu cotidiano: subir escadas se torna um estado de espírito.

SUBA ESCADAS e faça disso um compromisso consigo mesmo: "Não vou desanimar diante de alguns andares." Prometo que você não vai se arrepender

Exercício do dia

■ **Jovem e ativo:** Hoje faremos sessenta abdominais e vinte agachamentos.

■ **Mais de 50 anos e sedentário:** Hoje vamos manter 24 abdominais e 13 agachamentos.

Seu ambiente de saúde

O alimento mais perigoso do mundo existe, você o encontrou: ele se chama "BATATA CHIPS".
É um alimento feito de batata cozida diversas vezes, com índice glicêmico muito alto e efeito insulínico ainda maior. Além disso, é um alimento frito no óleo: a fatia de batata é cortada de maneira tão fina que o óleo penetra inteiramente e a batata se torna nada mais que uma esponja de gordura.

E, pior ainda: não estamos falando de qualquer óleo, mas de um óleo de fritura requentado diversas vezes. E requentar gordura é algo que nunca se deve fazer, pois é cancerígeno!

Para concluir o quadro, é importante precisar que a batata frita é cheia de sal, cujos perigos para a pressão arterial e o coração já conhecemos. Poderíamos pensar que, por serem tão cheios de óleo, os chips facilmente nos enjoariam... Mas isso seria esquecer que os fabricantes, que pensam em tudo, adicionam vinagre nessas batatas para aguçar seu gosto e nos dar vontade de comer cada vez mais. É fatal!

"Escapadas" da dieta

Durante toda a minha vida de médico ouvi pacientes me garantirem que saíam da dieta porque não conseguiam fazer de outro jeito. "Doutor", me disse, um dia, uma de minhas pacientes, **"quando abro minha geladeira e, nela, vejo minha sobremesa preferida, sin-**

to minha mão indo em direção a ela, como se minha mão não me pertencesse!" A isso, respondi: "Se, ao lado da sobremesa, eu colocasse uma joia de muito valor, pode ter certeza de que você não teria problemas em se controlar: se tivesse de escolher entre os dois, evidentemente, escolheria a joia." Diante da tentação, todos nós, pertinentemente, sabemos que, se realmente quisermos, podemos resistir sem maiores dificuldades. Costumamos acreditar que nos deixamos levar pelo impulso. Mas é uma impressão errônea. A decisão é criada em uma pirâmide de decisões. No topo dessa pirâmide está você, que é o único a ter o poder de DECIDIR.

Por que tanta gente não consegue se privar "das coisas boas que engordam"? Porque escolher é renunciar... e correr o risco da falta.

A próxima etapa, a que vou abordar com você amanhã, é a do conceito-chave do MIMHV. Até amanhã, você não vai se decepcionar.

Minha mensagem de apoio para você

Desconfie do tédio! Às vezes, comemos para sairmos dele... *Escolhemos alguns alimentos, sentamo-nos, mastigamos, beliscamos, temperamos, nos servimos de novo, e o tempo passa... de forma agradável, certamente, mas essa é uma atitude muito arriscada para sua dieta!*

Saiba identificar os momentos do dia em que você se entendia. E tome cuidado com eles, contorne-os ou tente ocupá-los de uma maneira diferente, sem comer... Caso contrário, você não vai emagrecer. Saiba perceber o momento em que o tempo morto e a sensação de vazio vêm à tona: não fique perto de uma cozinha! Saia, caminhe, corra, dance, nade, trabalhe, leia, ouça música, ligue para um amigo ou um parente, vá fazer compras, mas, eu lhe peço, não ocupe seu tempo comendo. Isso seria desesperador.

Pierre Dukan

Sua motivação

Ontem eu lhe apresentei a quarta janela do Motor de Motivação para Emagrecer: o prazer de cozinhar e escolher uma entre as muitas receitas concebidas para a minha dieta. **Hoje quero falar da quinta e última janela: o prazer de se mexer.**
Sei que estou correndo o risco de deixá-lo de "saco cheio", caso você seja sedentário... mas assumo este papel! Emagrecer apenas fazendo dieta é possível... mas demanda muito mais esforço! É mais comum o fracasso se dar quando se faz somente a dieta do que quando se combina dieta + atividade física. Isso se confirma ainda mais a longo prazo, quando queremos estabilizar o peso obtido. Mas talvez você já saiba disso tudo...
O que talvez seja novidade é essa famosa sensação que acompanha o trabalho de um músculo treinado, quando ele é solicitado. **Alguns chamam essa facilidade e prazer de "quicar" no chão a cada passada de atleta de "efeito canguru"** (que se dá, por exemplo, quando corremos). A sensação de rigidez e cansaço pesado e desagradável do sedentário é contrastada com a tonicidade e a elasticidade sentidas.
A caminhada, a corrida de baixa intensidade, a dança e a natação são atividades profundamente naturais. Como todas as atividades naturais inscritas em nossa programação e úteis à nossa sobrevivência, elas são recompensadas pela obtenção de um determinado prazer... Pratique tais atividades com prazer, sempre que quiser.

Cesta de compras do dia

Volto a falar do salmão, pois tenho um fraco por esse magnífico peixe. Sou de uma geração em que a criação desse peixe não existia. Em outras épocas, era um peixe caro: o salmão defumado era um produto de luxo e de festa. Lembro que costumávamos comer salmão apenas em ocasiões especiais. Hoje, você, que está de dieta, tem a sorte de poder consumir esse peixe com muito mais facilidade.

Então, aproveite, pois mesmo que ele tenha se popularizado, conserva a aura de produto festivo e luxuoso.

Minha lista de compras

- Pão de forma de farelo de aveia (caseiro)
- Ovos
- Leite
- Cottage e queijo frescal 0% de gordura
- Camarões
- Ostras
- Camarões VG
- Carne de caranguejo ou kani
- Salmão defumado
- Chalotas
- Limão
- Salsa, coentro, cebolinha
- Muffin de farelo de aveia Dr. Dukan sabor cacau
- Merengues

Sua receita de hoje

Mil-folhas de frutos do mar

Tempo de preparo **20 min**
Serve **4** pessoas

2 caixas de carne de caranguejo sem óleo ou kani
8 fatias de salmão defumado
4 chalotas pequenas
8 pedaços de ricota light aromatizados com alho e ervas finas
Suco de 1 limão
1 molho de salsa
1 molho de coentro
1 molho de cebolinha
Pimenta-do-reino a gosto

1. Pegue uma forma vazada de cerca de 8cm de diâmetro ou corte uma pequena lata de conserva (atum ou caranguejo) dos dois lados, para criar uma forma, caso não tenha em casa.

2. Com a ajuda da forma, corte duas rodelas em cada fatia de salmão.

3. Escorra a carne de caranguejo ou pique o kani. Corte o que sobrar das fatias de salmão em pedaços bem pequenos. Descasque as chalotas e corte em pedaços bem pequenos. Pique as ervas finas. Misture tudo com o caranguejo, a ricota e o suco de limão. Tempere.

4. Em seguida, monte o mil-folhas, dispondo uma fatia de salmão no meio dos quatro pratos. Coloque a forma sobre o salmão e preencha com a mistura, alternando com mais outra fatia de salmão e mais um pouco da mistura. Termine com a fatia de salmão no topo. Retire a forma delicadamente. Coloque uma haste de cebolinha sobre o mil-folhas para decorar. Reserve na geladeira e sirva bem fresco.

Meu diário pessoal

O diário pessoal mais útil é aquele em que nos queixamos e com o qual nos deleitamos. Na verdade, é aquele em que o que escrevemos tem boas chances de nos afastar de um perigo ou nos aproximar de um proveito. Este é o tipo de coisa importante a ser escrita aqui: "Hoje, na hora do almoço, o garçom do restaurante me serviu Coca-Cola normal e não Coca-Cola Zero, que era o que eu tinha pedido. Não ousei pedir para trocar. Mas, hoje à noite, meu chefe me ofereceu carona até em casa, de carro, e eu preferi voltar a pé." Você ousou e fez muito bem.

Fase de cruzeiro · PL · Dia 45

Dia 45
da minha dieta Dukan

Meu peso inicial:	Meu peso atual:	total de kg perdidos:
....	....	....

Meu peso ideal:

....

Panorama do seu 45º dia

E eis que estamos, novamente, diante de um novo dia de dieta. Este dia é diferente do de ontem, pois você pode **contar com os legumes**. Com a alternância, você diz não à uniformidade: cada dia é diferente do anterior. No almoço, você pode comer uma salada composta por camarões, alguns pedaços de salmão defumado, kani ou atum em lata, sem óleo.

Misture verduras diferentes: você pode consumir alface crespa, agrião, rúcula ou endívia. Prepare sua salada no dia anterior e, se quiser levá-la para o trabalho, coloque tudo em uma vasilha e reserve o molho à parte, em um desses pequenos frascos distribuídos em restaurantes de refeições rápidas. Leve também alguns tomates para beliscar, um pouco de chicória...

"Escapadas" da dieta

Ontem prometi que falaria sobre um conceito-chave que chamo de MIMHV.

Do que se trata? São as iniciais de **O que é o Mais Importante para Mim Hoje em minha Vida.**

Aquele que for capaz de responder a essa pergunta já conseguiu fazer a metade do caminho... o resto é uma questão de sorte e acaso. Mas para responder precisamente você deve realmente se interrogar, utilizando o tempo necessário para fazê-lo.

Meu relacionamento amoroso, meus filhos, minha profissão, dinheiro, minha saúde, minha vida social, minha espiritualidade, a autoestima, a opinião dos outros, o poder, meu corpo,

minha casa, meu conforto, a natureza, meu Deus... Como você pode ver, coisas importantes não faltam. Se você observar as pessoas vivendo seu dia a dia, vai constatar que nem sempre são esses grandes valores fundamentais que mais as mobilizam. Não é a tais valores que as pessoas necessariamente dão prioridade.

É importante para você, que está emagrecendo e que, muito em breve, vai chegar ao Peso Ideal, saber o que, por trás do objetivo de emagrecimento, é decisivo e pleno de sentido. Disso também vai depender a estabilização do seu Peso Ideal a longo prazo.

Mais tarde, quando toda essa batalha pertencer ao passado, não se esqueça do MIMHV. Em cada situação difícil da vida, volte ao essencial, volte ao "conceito gergelim". **Só encontramos aquilo que procuramos e só procuramos o que é importante para nós.** E, finalmente, saiba também que o que é importante para você pode evoluir ao longo de sua vida.

Seu ambiente de saúde

Falemos de saúde, evoquemos a pressão arterial. Se você fizer parte daqueles que, naturalmente, têm a pressão pouco elevada, essa pressão tem chances de diminuir ao longo da dieta. Assim, quando se levantar um pouco rápido demais da postura sentada ou deitada, você pode sentir uma ofuscação de um ou dois segundos. Nada de extraordinário... Mas, para evitar essa sensação desagradável, coloque um pouco mais de sal em sua comida.

A pressão deve ser sempre vigiada. A pressão alta, de maneira geral, coloca o sistema arterial "sob pressão". No final, isso pode danificar seu coração e seu cérebro. A hipertensão, que costuma ser de origem genética, é atualmente tratada com medicamentos extremamente eficazes. Esses remédios são, talvez, um pouco... eficazes demais e apresentam um grande número de efeitos colaterais indesejáveis (distúrbios sexuais, por exemplo).

Os efeitos mais imediatos do emagrecimento são a diminuição da pressão arterial e da glicemia (logo, do diabetes). Os resultados da minha dieta sobre a pressão arterial e o diabetes são tantos que, ao cabo de 15 ou vinte dias, é indispensável reduzir os tratamentos antidiabéticos e hipotensores. Quando uma perda de peso é grande, os tratamentos podem, muitas vezes, ser totalmente eliminados. Alguns diabéticos moderados ou em estado inicial serão, assim, simplesmente "curados".

Minha mensagem de apoio para você

*Hoje, venho até você com as mãos vazias. Venho para estar ao seu lado, trazendo minha experiência e meu entusiasmo. Sei que você está no meio de um projeto e de um esforço que não são simples ou cômodos. Por definição, emagrecer é algo contra a natureza e, mais ainda, em uma sociedade que facilita o sobrepeso. Você atravessou a fase de ataque e, há 45 dias, está na fase de cruzeiro. Se ainda estiver no caminho, digo a você: 'Bravo!' Você deu a prova de que sabe navegar em tempo ruim no meio dos recifes. Restam apenas dez dias para atingir o objetivo estabelecido: **não tenho a menor dúvida quanto à continuidade das operações, você deve e vai conseguir.***

No 45º dia de cruzeiro você deve estar se sentindo diferente, mais à vontade com seu próprio corpo, em seus movimentos e suas roupas. Se você for um homem, as chances de que tenha começado a dieta para perder barriga são grandes. Hoje, deve ser uma barriga menos preocupante ou — por que não? — inexistente.

*Se você for uma mulher, deve ter ganhado muito em presença física, em elegância, beleza e sedução. Não quero nem mesmo falar em saúde e expectativa de vida, mas em autoestima: **é muito bom saber que somos capazes de encarar um terreno em que nos sentimos vulneráveis.** Se eu tivesse peso para perder, isso seria minha maior fonte de motivação: o fato de ganhar autoestima. Até amanhã, a contagem regressiva começou.*

Pierre Dukan

Sua motivação

Ontem concluí minha primeira janela do Motor de Motivação para Emagrecer, a que facilita a dieta, acrescentando cinco fontes de prazer. Agora, você já tem cinco maneiras de armar sua dieta de prazer. Já lhe disse diversas vezes e repito: "nada de durável pode ser construído sem prazer."

Hoje vamos passar à segunda janela, com seus cinco atenuadores do desprazer ao emagrecer.

Lembro a você que nada de durável pode ser construído sem prazer. Ontem, propus cinco maneiras de ornamentar sua dieta. Trata-se de cinco maneiras de evitar, contornar ou reduzir o desprazer que uma dieta pode trazer.

O primeiro (e o mais poderoso) dos anestesiadores do sofrimento quando se emagrece é a capacidade de perder peso sem "passar fome". Cuidado, não confunda uma fome real com uma vontade de comer. É possível, quando somos bem-condicionados, resistir à tentação de uma vontade de comer, mas não podemos resistir à fome, pois esta é algo ligado às prioridades biológicas de sobrevivência.

A dieta que você está seguindo atualmente é, de todas as dietas, a que menos dá fome. Por quê?

Por seis bons motivos:

1) Esta dieta utiliza 100 alimentos, 66 ricos em proteínas animais e vegetais e 34 legumes: é confortável.

2) Esses 100 alimentos são acompanhados da palavra de ordem "à vontade", ou seja, você pode comer quando quiser... e, claro, de preferência, quando sentir fome.

3) A digestão dos alimentos ricos em proteínas é mais difícil e demorada; eles produzem uma grande sensação de saciedade, e uma saciedade durável.

4) Os dias de PP produzem cetose (corpos cetônicos produzidos pelo fígado, utilizados como fonte de energia, no lugar da glicose): é o moderador de apetite natural e mais poderoso da criação.

5) Os legumes, alimentos ricos em fibras, também dão uma boa sensação de saciedade, especialmente as berinjelas, abobrinhas, vagens francesas, com alto teor de pectina...

6) O farelo de aveia, alimento em foco na minha dieta, é capaz de absorver até 25 vezes seu volume de água e de inchar no estômago até distendê-lo e, assim, produzir uma saciedade mecânica bastante rápida.

Sua atividade física

Fracione

Em matéria de atividade física, caso você não seja alguém esportivo e naturalmente apaixonado pelo funcionamento do seu corpo, vai ter de se adaptar. Se aceitar se mexer "por obrigação", pois sabe que é importante para sua saúde, sua beleza, seu bem-estar e sua sedução — o que já é muita coisa —, **aprenda a fracionar seus esforços físicos.**

Antes de mais nada, não dê ouvidos àqueles que falam com um discurso muito construído, afirmando que o esforço físico não tem utilidade se você não o fizer com uma duração prolongada. É mentira: o que conta não é a duração do esforço, mas o trabalho cumprido.

Fracionar o esforço faz, principalmente, com que você ocupe os tempos vagos. Você tem 15 minutos livres? Faça alguns alongamentos. Assim, você também escapa dos momentos de tédio que, muitas vezes, são preenchidos pela comida.

Não se esqueça de caminhar. Se preferir caminhar 15 minutos de manhã, 15 minutos à noite, em vez de andar meia hora de uma só vez, também está ótimo.

Exercício do dia

- **Jovem e ativo:** Hoje faremos sessenta abdominais e vinte agachamentos.
- **Mais de 50 anos e sedentário:** Hoje vamos manter 24 abdominais e 13 agachamentos.

Cesta de compras do dia

Hoje eu gostaria de sensibilizá-lo quanto a um legume mágico: o funcho. É um legume de sabor forte, extremamente crocante, repleto de fibras e vitaminas. Sei que existem algumas pessoas que não o apreciam. Se não for o seu caso, talvez não cozinhe funcho com muita frequência. Quando estamos de dieta e podemos consumi-lo sem restrição, vale a pena fazê-lo. Além disso, se você gosta de peixes, o funcho é seu parceiro ideal. Pessoalmente, uso funcho para rechear minhas douradas. Escolha funchos bem-torneados e rechonchudos, corte-os em lamelas transversais e coloque bastante vinagrete Dukan. Caso goste dos funchos sem mais nada, cozidos ou crus, experimente também cozidos no vapor, com um pouquinho de limão.

Minha lista de compras

- Leite desnatado
- Requeijão, queijo frescal e cottage 0% de gordura
- Tomate-cereja
- Legumes para cozido
- Peixe para cozido
- Ovos
- Cenoura, funcho
- Carne moída
- Especiarias orientais, cúrcuma
- Gelatina
- Aroma de pistache

Sua receita de hoje

Compota de funcho com cúrcuma

> Tempo de preparo **10 min**
> Tempo de cozimento **40 min**
> Serve **4** pessoas

2 cebolas
Raspas de 1 laranja
1 dente de alho
6 bulbos de funcho
4 colheres (café) de azeite
Sal, pimenta-do-reino moída na hora a gosto
1 colher (sopa) de cúrcuma
½ copo de água

Esta receita contém a dose de azeite diária autorizada.

1. Descasque e corte as cebolas em pedaços bem pequenos. Lave a casca da laranja, tire raspas bem pequenas.
2. Descasque o dente de alho e pique. Lave e corte os funchos em pedaços bem pequenos.
3. Em uma frigideira, esquente o azeite. Refogue as cebolas e o alho, sem deixar dourar.
4. Adicione o funcho picado, a raspa de laranja e tempere com sal e pimenta-do-reino. Adicione cúrcuma, cubra e deixe cozinhar em fogo brando durante 15 minutos no fogo brando, ou até ficar com consistência de compota.

Meu diário pessoal

Hoje vou deixá-lo sozinho diante do seu diário. Você já deve estar habituado a esse momento precioso, em que pode observar a si mesmo. É tão raro que faz bem, muito bem.

Fase de cruzeiro · PP · Dia 46

Dia 46
da minha dieta Dukan

Meu peso inicial:	Meu peso atual:	total de kg perdidos:
....	....	....

Meu peso ideal:

....

Panorama do seu 46º dia

Voltamos às nossas queridas proteínas PP. Hoje de manhã, experimente uma omelete americana com claras de ovos e salmão defumado (ou com ovas de salmão). É uma delícia que você pode comer com uma panqueca de farelo de aveia. É uma maneira muito segura de começar seu dia, especialmente recomendada a quem tem mania de beliscar e aos comedores compulsivos do meio e do fim da tarde.

Seu ambiente de saúde

Ontem falei sobre a gravidez, mas me esqueci de mencionar o perigo que o açúcar branco e a farinha branca podem representar ao longo dela. **Grávida, você não está sozinha a bordo: está transportando seu futuro filho, que se alimenta das mesmas refeições que você.** Quando você come legumes, ele também, com um pequeno intervalo de tempo, sente seu cheiro e seu sabor virem à boca. O mesmo acontece com os temperos e especiarias. Seu papel é dar o espetáculo dessas sensações muito cedo ao futuro bebê em seu ventre, para que elas se tornem naturais para ele, uma vez que vêm de você. Uma criança que gosta de legumes, temperos e especiarias tem muito mais chances de evitar problemas de sobrepeso. **Mas é principalmente do açúcar que você deve proteger seu bebê quando estiver grávida.** Se você não for diabética, seu sangue contém 1g de açúcar (glicose) por litro, o que resulta em 5g para o total de sua circulação sanguínea (5l de sangue), ou seja, uma pequena colherada de café de açúcar branco.

Quando você consome meio pacote de biscoito ou uma lata de refrigerante, absorve em muito pouco tempo dez vezes o que seu corpo e seu sangue são capazes de tolerar. Sem o pâncreas, sua glicemia passaria de 1 a 10g de glicose por litro, levando a um coma diabético imediato!

Você sabe, o pâncreas secreta a insulina necessária para expulsar o açúcar do sangue e manter uma glicemia tolerável. Expulsa do sangue, a glicose é, em seguida, recusada pelo fígado e pelos músculos, já saturados de açúcares. A glicose tem apenas um lugar para ser estocada, e de maneira ilimitada: o tecido adiposo.

A criança dentro de você também tem um pâncreas: se você consumir açúcar em excesso ao longo de sua gravidez, esse pequeno pâncreas se tornará gordo e fará com que ela corra o risco de, um dia, ficar em sobrepeso e ser diabética. O grande aumento do consumo de produtos doces há duas gerações é responsável pelo aumento do peso de nascimento dos recém-nascidos.

Em 1970, 3kg eram o máximo de peso de nascimento para um recém-nascido. Hoje, 3kg são o peso de base. Pense nisso: se você tem dificuldade em resistir ao açúcar, faça-o por seu filho.

Sua atividade física

Hoje vamos nos mexer um pouco mais que o habitual. Vamos tentar passar a um modo mais acelerado: como estamos nos aproximando do objetivo, melhor fechar com chave de ouro.

Gostaria que você tentasse caminhar durante UMA hora; você pode fragmentá-la em duas ou três partes. Aproveite para respirar e encher seus pulmões de ar, de maneira a se oxigenar e a queimar melhor a energia que vai mobilizar. Beba um pouco mais que o habitual e coma o mínimo de sal possível.

Juntas, todas essas medidas vão exercer uma pequena pressão complementar em sua balança... e fortificar sua moral.

Exercício do dia

- **Jovem e ativo:** Hoje vamos fazer sessenta abdominais e vinte agachamentos.
- **Mais de 50 anos e sedentário:** Hoje vamos manter 24 abdominais e 13 agachamentos.

Sua motivação

Hoje todas as atenções ao segundo "atenuador de desprazer" ao longo da dieta. Ontem falei sobre a ausência de fome. Hoje proponho **o enquadramento e o seguimento da dieta.** A diferença entre os que engordam e os que não engordam tem a ver com a relação afetiva e emocional que estabelecem com a comida. Os que engordam são aqueles que comem mais (ou coisas mais doces e gordurosas) quando estão em situação de estresse e adversidade. Na verdade, muitas vezes, comem para se acalmar. Logo, quando começam uma dieta, passam a ter uma real necessidade de atenuadores de desprazer. A configuração da dieta e seu modo de funcionamento são uma verdadeira ajuda, imaterial, mas bastante real. Como isso acontece?

Construí minha dieta para que ela tenha **uma estrutura interna forte,** com **suas quatro fases:** da mais curta e fulminante à mais aberta e que se prolonga para o resto da vida. Cada uma dessas quatro fases tem uma duração e uma missão particulares.

O conjunto da dieta é repleto de marcos, marcado por referências, percorrido por alternâncias. Ele funciona como um diário de bordo bastante diretivo, que reduz as possibilidades de erros e escapamento. Na minha opinião, é essa estrutura poderosa que tornou possível o sucesso do meu método. Com ela os leitores se sentem acompanhados, enquadrados, ajudados e, principalmente, não se sentem sozinhos.

No que lhe diz respeito, por enquanto, você está navegando na fase de cruzeiro. Quando tiver chegado ao seu Peso Ideal, a corrente continuará a levá-lo, sem transição, para a fase de consolidação e, em seguida, a de estabilização. Deixe-se levar.

Minha mensagem de apoio para você

Nesta manhã gostaria de lhe falar sobre 'força do hábito', que tem um papel muito importante nos comportamentos alimentares. Você sabia disso? O hábito tem uma função biológica profunda: quando uma experiência não tem riscos, não mata e nada afeta, é considerada como uma experiência segura; desse modo, pode ser reproduzida sem angústias. Contrariamente a isso, a mudança de hábito é sempre um pouco ansiogênica, pois nos expõe ao desconhecido e a seus potenciais riscos.

Todo hábito é modificável. Saiba, no entanto, que mudar um hábito cria agitações. Evite também mudar mais de um hábito ao mesmo tempo. Por exemplo: 'Exatamente às 9 horas, todos os dias, ao chegar ao trabalho, passo na frente da cesta de pãezinhos e compro um, maquinalmente. Se quero fazer uma dieta, devo dar fim a esse hábito. Vou colocar todo meu peso nessa decisão: ficarei surpreso quando conseguir me furtar do hábito com tanta facilidade. E no dia seguinte... fica ainda mais fácil. Cinco ou seis dias depois, passo na frente da cesta de pães sem nem notar.' Você sabe: todos os que param de fumar acabam ficando incomodados com a fumaça dos outros. Os que passaram do café com açúcar ao café sem açúcar não conseguem mais tomar café doce etc.

Você está vendo que não é tão difícil assim abandonar um hábito, por mais que esse esteja muito estabelecido! Desse modo, se ao longo da dieta você perdeu alguns hábitos ruins, não ouça aqueles que lhe dizem que esses, inevitavelmente, voltarão. Esses maus hábitos só voltarão se você for buscá-los novamente e lhes abrir as portas.

Pierre Dukan

"Escapadas" da dieta

As escapadas da dieta são acidentes de percurso. Elas trilham um caminho até você em três tipos de circunstâncias. Vamos listá-las aqui, o que vai ajudá-lo a se tornar mais forte, driblar e contornar as escapadas.

A primeira circunstância é a relação com os outros (em sociedade ou em um restaurante, por exemplo). Ligado a um projeto de grande sentido, você deve preservar seu engajamento pensando, antes, em si mesmo, na linha de resistência e no objetivo que ficou para si: você está de dieta durante 60 dias e cada um desses dias tem seu papel e sua missão. Você está perto do objetivo, alguns dias o separam da linha de chegada, então, segure firme. Para isso, AN-TE-CI-PE! Quando entrar em um restaurante para o qual o convidaram, você deve saber, de antemão, que haverá pão e, certamente, manteiga à mesa. Prepare-se para considerar esse pão e essa manteiga como uma armadilha posicionada durante a espera do prato: evite-a.

No que esses donos de restaurante inconsequentes pensam? Eles o alimentam gratuitamente com o que você nunca pediu: isso faz com que você corra o risco de restringir seu pedido, pois **o mais aguçado dos apetites fica enfraquecido quando se abre ao pão com manteiga! Além disso, quando estamos de dieta, não podemos beber vinho: e eu diria que nunca deveríamos beber**, pois, para além das calorias açucaradas (uva e álcool), o vinho produz um efeito euforizante que pode enganar sua vigilância.

Pense, também, em sempre pedir seu molho à parte, que seja para a vinagrete ou molho béarnaise do seu contrafilé.

Na hora da sobremesa, não hesite em pedir um café salvador, para ocupar o terreno da necessidade de terminar com um doce.

E, caso perguntem se você está de dieta, não hesite em dizer: "Sim, estou de dieta." Não há nada de vergonhoso em se impor um esforço para ter uma vida melhor. **Caso seja um almoço de negócios,** você tem grandes chances de deparar com um colega que também está de olho na própria linha (ainda mais se for magro ou se for mulher).

Amanhã vou falar sobre os outros dois tipos de circunstâncias em que as escapadas podem acontecer...

Cesta de compras do dia

Em sua cesta de compras de hoje, **pense em adicionar ovos**: propus uma omelete de claras. Se tiver grande apetite, vai precisar de três ou quatro. Compre também cubos de caldo sem gordura, de galinha, de carne, de peixe ou de legumes. E compre picles. Todos esses ingredientes podem ajudá-lo. Sempre tenha em seu congelador alguns bifes de carne de boi, em caso de falta de imaginação.

Minha lista de compras

- Ovos
- Ervas finas
- Requeijão e cottage 0% de gordura
- Tofu
- Especiarias Tandoori
- Ricota light
- Queijo frescal 0% de gordura
- Iogurtes 0% de gordura e sem açúcar
- Biscoitos de farelo de aveia Dukan sabor coco
- Mexilhões
- Vieiras ou peito de peru
- Limões
- Gelatina

Sua receita de hoje

Omelete de claras de ovos (PP)

Tempo de preparo **5 min**
Tempo de cozimento **5 min**
Serve **1** pessoa

Versão 1
3 claras
1 pitada de páprica
½ colher (café) de cominho
Ervas finas
Sal, pimenta-do-reino a gosto

Versão 2
3 claras
½ colher (café) de curry
1 colher (sopa) de cebolinha
1 colher (café) de mostarda
Sal, pimenta-do-reino a gosto

Versão 3
3 claras
1 colher (sopa) de cebolinha
1 colher (sopa) de salsa
1 colher (sopa) de chalota picada
Sal, pimenta-do-reino a gosto

1. Em um recipiente grande, quebre os ovos, separando as gemas das claras e descartando as gemas.
2. Adicione os temperos ou ervas finas e misture tudo.
3. Despeje o preparo em uma frigideira antiaderente e cozinhe em fogo médio durante 3 a 5 minutos.

Meu diário pessoal

O 46º dia de cruzeiro **deve ser celebrado em seu diário.** Hoje falei sobre o mecanismo do hábito e seu papel biológico profundo nos seres vivos. Isso pode lhe valer uma reflexão... a vida não é recheada de hábitos?

Fase de cruzeiro · PL · Dia 47

Dia 47
da minha dieta Dukan

Meu peso inicial:
....

Meu peso atual:
....

total de kg perdidos:
....

Meu peso ideal:
....

Panorama do seu 47º dia

Dia de relaxar, passamos ao PL: um viva aos legumes! Não se esqueça de que essa alternância, além de acabar com a monotonia, cria um minichoque de eficácia dia sim, dia não. Com os legumes, o corpo descansa um pouco, se restaura com o frescor, as fibras e as vitaminas. É claro que os legumes contêm um pouco de glicídios, mas trata-se dos que estão entre os que penetram mais lentamente no seu sangue. Amanhã o gladiador da nutrição vai entrar novamente em jogo: o PP, que é, na minha opinião, o mais eficaz de todos os regimes saudáveis.

Sua motivação

Há alguns dias venho lhe mostrando as diferentes facetas do meu conceito de Motor de Motivação para Emagrecer. Acredito que essa ferramenta tenha grande utilidade. Não o conheço pessoalmente, mas sei de uma coisa: você começou a sentir necessidade de emagrecer e, logo, comprou este diário de bordo para acompanhá-lo no projeto. Você tinha peso a perder, um peso que ganhou graças a um certo número de motivos ligados à sua história.

Essas razões, não tenho como conhecer, mas estou certo de uma coisa: elas vêm de uma demanda de equilíbrio. O comando instintivo que gerencia sua sobrevivência e seu equilíbrio biológico fez com que você precisasse comer mais (e coisas mais doces e gordurosas) para fabricar um prazer que lhe faltava.

Espero que, atualmente, você já esteja emagrecendo. É bom que seja assim, MAS minha longa experiência me diz que, quando você tiver chegado ao seu Peso Ideal, vai pensar que a missão foi cumprida. Não é verdade! Na realidade, é aí que tudo começa: ao contrário do que muita gente pensa, **o peso adquirido não tem a menor razão de continuar ali.** Você terá de ser extremamente vigilante e fazer de tudo para protegê-lo e conservá-lo. Eu não estaria sendo honesto com você se lhe dissesse que é fácil. Por quê? Como você já engordou antes, **deu prova de que é capaz de comer além de suas necessidades nutricionais, buscando, no alimento, alguma coisa que não é da ordem do nutritivo.** O que você buscou e encontrou vem de algo imaterial, que é difícil de definir, mas, digamos, que é "uma coisa que lhe fazia bem".

Hoje imagino que você deva estar sentindo a alegria de ter emagrecido, de ter voltado a acreditar em si mesmo e estimulado sua autoestima. Tudo bem... mas o que vai acontecer "quando o vento começar a soprar"? **O que vai acontecer quando você tirar os óculos cor--de-rosa de hoje e trocar pelos óculos cinza do mal-estar, da insatisfação, dos problemas, da insuficiência de amor (ou de tantas outras coisas que podem alterar sua qualidade de vida)?** Quando as coisas não vão bem, você já teve tendência a se voltar para os alimentos consoladores. Estranhamente, a natureza fez as coisas de forma que os alimentos que mais nos consolam sejam também os mais calóricos...

Não tenho o poder de interferir nas dificuldades de sua vida. Em vez disso, proponho uma pequena máquina de guerra, que vai ajudá-lo a fabricar motivação, a única capaz de neutralizar seu escapismo para a comida (mecanismo de sobrevivência que se instala logo no início da infância e é capaz de neutralizar a ansiedade). Amanhã vou lhe apresentar a terceira janela desse motor de motivação: **a relação personalizada.**

Minha mensagem de apoio para você

Hoje vamos esclarecer um conceito muito importante: a autoimagem. *Trata-se da percepção mental do valor que damos a nós mesmos. Mas esse valor que nos damos se constrói em função de elementos muito subjetivos. Os parâmetros de avaliação advêm de crenças transmitidas ao longo de nossa primeira infância (antes, pela família e, em seguida, pelo ambiente social que nos é próximo).*

Essa autoimagem é, ao mesmo tempo, um motor e um leme: ela tem uma importância considerável na qualidade de sua vida. *O que acontece é que sua aparência física tem, em nosso mundo tão centrado na imagem, um papel essencial nessa autoavaliação.*

A boa notícia é que seu cérebro pode lhe dar o poder de modificar a imagem que tem de si mesmo. *Nessa matéria existem técnicas de pensamento positivo que se revelam extremamente eficazes. Se isso lhe interessar, inscreva-se no curso do professor Tal Ben-Shahar.*

Pierre Dukan

Seu ambiente de saúde

Falemos sobre a menopausa, indubitável fator de ganho de peso. Se você for homem, queira me desculpar: evocarei a andropausa, mas depois!

Você, mulher, se ainda for jovem e ainda não afetada por esses problemas, leia essas poucas linhas, que vão lhe interessar um dia, especialmente se tiver mais de 35 anos. Paradoxalmente, é a pré-menopausa que é o período mais ameaçador para o peso da mulher.

A partir dos 42-45 anos, o ovário começa a diminuir sua produção de progesterona. Como seu próprio nome indica — pro-gestação —, a progesterona é o hormônio maternal que acalma e descongestiona. Sua extinção deixa os estrógenos sozinhos em campo, que são os hormônios femininos excitantes e congestionantes. A menstruação se torna irregular, a retenção de líquidos se instala e, assim, o ganho de peso se agrava. A pré-menopausa chega ao fim quando, por sua vez, os estrógenos se esgotam.

E essa é a confirmação da entrada na menopausa. Ao longo de cinco a sete anos a mulher vê seu peso aumentar de 4 a 10kg. Para falar de maneira simples, concreta e eficaz, a única maneira de evitar o ganho de peso é recorrer a um tratamento hormonal: progesterona natural e, depois, um tratamento de substituição completa em seguida, mas em doses BEM fracas (ou sob forma de hormônios vegetais). Sem essa substituição hormonal, deve-se tomar ainda mais cuidado com o peso.

A andropausa é o equivalente da menopausa para o homem. Aqui existe apenas um hormônio masculino: a testosterona, que se esgota de maneira bastante progressiva entre os 45 e 70 anos. No homem, a andropausa é acompanhada de um ganho de peso concentrado no abdômen e medido pela circunferência da cintura.

De maneira mais frequente que na mulher, esse sobrepeso é associado a distúrbios metabólicos, como o diabetes e as doenças cardiovasculares. Para o homem, o tratamento de substituição existe, mas demanda uma observação muito estrita da próstata. Em contrapartida, a atividade física costuma dar excelentes resultados (muito mais que para a mulher).

"Escapadas" da dieta

Ontem eu falei sobre os restaurantes e suas tentações: sentado à mesa em algum estabelecimento, em boa companhia, você está com os pés e as mãos atados diante da tentação de sair da dieta. Hoje vou falar de algo pior! **Quero falar dos convites para jantar na casa de amigos ou pessoas conhecidas.**

Você chega e tudo começa com um aperitivo, um interminável aperitivo com amendoins e biscoitinhos salgados. Perguntam-lhe: "O que você quer beber?" Se tudo que seu anfitrião tem é vinho ou champanhe, você fica sem escolhas. Ah, não! Você tem escolhas, sim: uma água, uma Coca Zero ou suco de tomate.

Se você estiver em um dia PP, talvez seja preciso trocar e passar para um dia PL, com mais opções disponíveis. Bem, o que fazer, caso não haja Perrier, Coca Zero ou suco de tomate? Peça água sem gás "bem fresca", a sede tudo perdoa.

Em seguida, à mesa, o que acontece? Diferente do restaurante, aqui não podemos escolher. **O pão, branco ou integral, continua a ser um inimigo** que deve ser imperativamente evitado. De qualquer forma, ninguém vai ficar chateado se você não quiser comer pão.

Na hora das entradas, a não ser que sejam compostas apenas de salames e linguiças, você deve poder encontrar legumes, salada, verduras... que serão como uma boia na qual você vai se agarrar. **Quando chegar o prato principal,** pense bem: você vai ter carne ou peixe e os legumes autorizados... ou feculentos, arroz ou massa. Não diga nada: sirva-se novamente de proteínas e desse "belo pedaço de peixe ou dessa bela fatia de pernil". Sim, o pernil não faz parte dos alimentos autorizados na minha dieta, mas, se você for convidado, não hesite em comer: você vai ter de se adaptar ao ambiente! De qualquer forma, o pernil é melhor que uma concha de purê que vão querer colocar no seu prato. **Quanto ao vinho,** você pode, pura e simplesmente, dizer que não quer, sem necessidade de explicar. Nem todo mundo gosta de beber.

Quando chegar a sobremesa, você pode pegar uma panqueca doce de farelo de aveia... o único risco que você corre é passar por alguém muito original! Ou, então, diga que não quer sobremesa, que prefere um café...

Sua atividade física

Ontem eu lhe pedi para me dar um pouco de seu tempo: queria que você caminhasse por uma hora, em vez de meia hora. Espero que tenha feito o que lhe pedi e que a caminhada lhe tenha feito bem. Com a ajuda das proteínas puras, você deve ter visto que, hoje de manhã, a balança sorriu para você.

Se você for daqueles que não gostam muito de se mexer, TENTE entender que só tem possibilidade de ficar inativo porque as máquinas e os economizadores de energia facilitam as tarefas (sem, por isso, lhe fazerem um favor!). Sim, atualmente, existem elevadores em todos os lugares, para-brisas, escovas de dente elétricas e tantas outras máquinas que evitam que nossos músculos, tendões, ligamentos e articulações funcionem. MAS será que isso é bom? Não, é algo ruim, bastante ruim.

Quando eu era criança, via as pessoas moerem os grãos de café em um pilão de cobre! Depois, chegou o moedor de café, que eu gostava tanto de usar para ajudar minha mãe de manhã, na cozinha. Depois, o moedor elétrico me fez perder esse prazer. Finalmente, o café moído em pacote deu fim definitivo a esse trabalho lento, de cheiro tão agradável. Hoje, milhares de dólares recompensam a criatividade dos que inventaram a cápsula de café. Posso apostar que vão acabar inventando uma máquina para tomar café no nosso lugar!

Para concluir este capítulo, **não considere o esforço como uma punição a ser evitada, mas como uma recompensa que você está dando ao seu corpo que, afinal, foi feito para isso...**

Exercício do dia

- **Jovem e ativo:** Hoje vamos fazer sessenta abdominais e vinte agachamentos.
- **Mais de 50 anos e sedentário:** Hoje vamos manter 24 abdominais e 13 agachamentos.

Cesta de compras do dia

Honra ao mérito para as couves! Esse alimento é vítima de preconceito: seu teor de enxofre lhe dá um cheirinho resistente que pode repugnar certas pessoas. Quando se gosta ou se tolera seu cheiro, descobre-se um alimento quase farmacêutico. Um exemplo: 200g de couve-flor trazem TRÊS vezes mais vitamina C que uma laranja de 100g. E essa porção cobre quase que totalmente — 95% — as necessidades de vitamina B9 e ácido fólico, que são cruciais para a mulher grávida. A couve satisfaz 100% da necessidade de betacaroteno, precursor da vitamina A. É um alimento rico em cálcio, magnésio e ferro.

Mas o mais interessante da couve (e, principalmente, do brócolis) é sua ação de prevenção do câncer. Inúmeros estudos epidemiológicos mostram que os amantes de couves, em suas diversas variedades, são, pura e simplesmente, mais bem-preservados contra o câncer. O que lhe digo aqui pode parecer teórico... Saiba, no entanto, que, consumindo couves regularmente, você poderá reduzir moderadamente o risco de morrer dessa doença, nem mais, nem menos! Ao escrever isso, eu mesmo vou pedir para a minha mulher comprar mais couves e prepará-las de diversas formas..

Minha lista de compras

- Leite em pó desnatado
- Requeijão e queijo fresco 0% de gordura
- Yogurtes 0% de gordura e sem açúcar
- Ovos
- Fermento em pó químico
- Aroma de mel ou mistura de especiarias
- Endívias, cenouras, cebolas
- Biscoitos de farelo de aveia Dukan sabor avelã
- Tomate, pimentão, cebola, chalota
- Repolho
- Coelho
- Fígado de galinha
- Carne moída magra
- Salsa, cerefólio, tomilho
- Tofu cremoso
- Cottage 0% de gordura

Sua receita de hoje

Repolho recheado

Tempo de preparo **20 min**
Tempo de cozimento **1 h 50 min**
Serve **4** pessoas

1 repolho
2 cebolas picadas
2 chalotas picadas

1 dente de alho
200g de fígado de galinha
400g de carne moída magra
6 fatias de vitela ou peito de peru picadas
2 ovos
¼ de molho de salsa
Algumas folhas de cerefólio, tomilho
1l de caldo de carne ou de galinha sem gordura
Sal, pimenta-do-reino a gosto

1. Retire as folhas exteriores do repolho e cozinhe-as em uma panela grande com água fervente durante 20 minutos. Em seguida, passe as folhas na água fria, escorra-as e enxugue-as.
2. Descasque a cebola, as chalotas e o dente de alho. Corte e coloque tudo no liquidificador. Adicione o fígado de galinha, a carne moída e a vitela, os ovos, a salsa, o cerefólio e o tomilho. Bata tudo até a textura de creme, ou pedaços pequenos e tempere.
3. Abra o repolho, começando pelas folhas externas, virando-as delicadamente, para destacá-las.
4. Coloque uma bolota de recheio em cada folha (ou em duas folhas) e feche-as com a ajuda de um barbante culinário e palitinhos de madeira, como se fosse um papel para presente. Continue o procedimento até chegar ao fim do recheio.
5. Coloque os pacotinhos em uma panela, na qual você terá despejado o caldo sem gordura. Cozinhe com a tampa, em fogo médio, durante 1h30.

Meu diário pessoal

É sua vez de jogar. Escreva o que, hoje, lhe pareceu digno de ser conservado e relido.

Fase de cruzeiro • PP • Dia 48

Dia 48
da minha dieta Dukan

Meu peso inicial:
....

Meu peso atual:
....

total de kg perdidos:
....

Meu peso ideal:
....

Panorama do seu 48º dia

Estamos chegando perto do dia número 50 da fase de cruzeiro. **Hoje, mais uma vez, peço que você volte à máquina de guerra que é o dia PP.** Sim, de guerra... pois ela ajuda a vencer as linhas inimigas. Pense nas portas dos castelos fortes que se costumava forçar com enormes troncos de árvores transformados em batentes, esses aríetes que venciam todas as defesas... Isso é um dia de proteínas puras. Use e abuse delas hoje. E, acima de tudo, coma até satisfazer sua fome, e varie!

Na hora do almoço, se tiver de fazer uma refeição rápida, você pode comer kanis, uma lata de atum com um ovo cozido, um ou dois iogurtes. Se quiser um pouco mais de sofisticação, também pode comer uma ou duas belas fatias de salmão defumado com uma panqueca de farelo de aveia previamente recoberta de queijo fresco (ou a mesma panqueca com vitela ou peito de peru e queijo). Ou ainda melhor: filé mignon, contrafilé, posta de bacalhau fresco, almôndegas de carne moída ou um almoço em uma churrascaria... Pense nos "aríetes", nos "batentes", pois o sobrepeso não perdoa.

"Escapadas" da dieta

Gostaria de falar de mais um segredo para encarar de frente as constantes tentações de sair da dieta. Este é um segredo que devo a um americano de origem japonesa, que conheci em

Los Angeles. Pertencente à segunda geração de japoneses que se instalaram na Costa Oeste dos Estados Unidos, ele começou a engordar comendo um pouco de qualquer jeito, como os americanos. Diante do ganho de peso, ele reagiu de maneira extremamente original, inspirando-se na violência do código dos samurais!

Eis o seu segredo: "Inspire profundamente e, depois, deixe de respirar o máximo de tempo que conseguir. Em um determinado momento, a falta de oxigênio se manifesta sob a forma de uma sensação desagradável, estafante e, no final, dolorosa. O objetivo do exercício é não ceder muito rápido e resistir à tentação de respirar. Quanto mais você conseguir ficar sem respirar, mais vai descobrir que tem o poder de resistir quando decidir. E foi assim que consegui parar de engordar."

Eu mesmo pratiquei esse exercício: acredito que é útil. Em todo caso, aconselho que o experimente! Se a experiência lhe interessar, você agora dispõe de um modo simples de aguçar sua força de vontade. Você poderá aplicar essa estranha técnica de resistência à vontade de sair da dieta e de beliscar. **Adoro esse segredo: ele se opõe ao atual culto da facilidade e do abandono de objetivos.** Original, revigorante, tem forte valor simbólico. Pratique-o sempre que possível. E, a cada vez que a tentação de sair da dieta se fizer sentir, inspire muito profundamente...

Sua motivação

Após o fato de se poder evitar a fome graças à liberdade de consumir 100 alimentos à vontade, seguido da estrutura de enquadramento da dieta, chego ao **terceiro atenuador de desprazer: o papel facilitador da relação personalizada entre quem dá e quem recebe as palavras de ordem.** Neste diário de bordo existe uma relação cotidiana e quase personalizada entre você e eu. Você me conhece. Eu posso apenas imaginá-lo e contar com minha antiga experiência de luta contra o sobrepeso.

Mas, mesmo à distância, é possível agir... **Na internet (www. dietadukan.com.br), elaborei uma ferramenta de acompanha-**

mento on-line. Esse acompanhamento é feito através de oitenta perguntas ao usuário. Elas me ajudam a entender melhor as razões do sobrepeso de uma pessoa e adaptar minha dieta a cada situação. Todas as manhãs, para cada caso, dou três tipos de instrução:

1) instruções alimentares, com três menus à escolha, para o almoço e o jantar;

2) um plano de atividade do dia (evolutivo);

3) elementos de suporte e motivação.

O segredo desse programa é o feedback (ou a retroação, elemento essencial em biologia). Na prática, aquele que recebe as instruções de manhã volta à noite para fazer o balanço do seguimento das instruções e dos resultados obtidos. Peso do dia, eventuais escapadas da dieta, atividade física realizada, nível de motivação e/ou frustração, alimento marcante durante o dia... tudo isto é dito pelo paciente em sete cliques. No dia seguinte, de manhã, em função do balanço do dia, novas instruções são enviadas, adaptadas aos eventos do dia anterior. Você não saiu da dieta, fez exercícios, sua motivação está lá no alto? Pode esperar que eu lhe dê os parabéns... e o encoraje a perseverar.

Mas, ao contrário disso, se seu balanço do dia indica que você não resistiu a uma tentação, foi preguiçoso e está se sentindo culpado... meu trabalho é colocá-lo de volta no lugar e, ao mesmo tempo, lhe dar um "puxão de orelha". Isto é um verdadeiro acompanhamento. Existe, pelo mundo, um grande número de sites de acompanhamento dedicados ao sobrepeso: alguns chegam a ser cotados na Bolsa de Nova York... mas nenhum propõe um feedback como o meu. Nesses sites são dadas instruções cotidianas, é claro, mas que não evoluem em função do retorno do paciente. Não existe um diálogo real e, no fim das contas, essas instruções acabam sendo muito gerais.

Para que o programa atenue as dificuldades da dieta, ele deve ser concebido para você (é o objetivo das oitenta perguntas preliminares). E, mais ainda, ele deve levar em conta o que você vive ao longo da dieta... e lhe dar **a possibilidade de dar um retorno sobre isso, dia após dia,** durante e depois do emagrecimento.

Minha mensagem de apoio para você

Muitas vezes ouço (e você também, imagino) que carne vermelha em excesso é cancerígena. É mentira! **O que pode ser cancerígeno na carne vermelha não é a carne em si, mas seu modo de cozimento** (especialmente a gordura, quando escurece). Se você carbonizar sua carne (vermelha ou branca), a parte que se torna escura ou preta, principalmente, é o que é cancerígeno. **No entanto, se você cozinhar a carne normalmente, ela não vai ser mais cancerígena que uma abobrinha ou um belo prato de alface!** No final das contas, isso não diz respeito apenas à carne. A parte queimada do pão grelhado também é cancerígena. O que é mais cancerígeno nas altas temperaturas de cozimento é a gordura. Há já muito tempo os restaurantes não têm mais o direito de servir pratos com manteiga escurecida (o da célebre raia com manteiga preta).

Em um churrasco, são principalmente as carnes mais gordurosas que não devem ser carbonizadas (entrecosto ou costela de boi, cordeiro, porco e pele de frango grelhado).

Pierre Dukan

Seu ambiente de saúde

Se você for fumante, qual é a atitude a ser adotada? A maioria dos fumantes que decide fazer dieta estima que esse certamente não é o momento de parar de fumar. Quando um fumante decide emagrecer, às vezes, se pergunta se não deveria parar de fumar ao mesmo tempo. Mas a maioria não consegue. Em teoria, lógica e taticamente, eles têm razão. Mas, para mim, nunca é bom diferenciar uma coisa da outra. O que posso garantir a você é que, por ter visto isso acontecer muitas vezes, é possível parar de fumar e começar uma dieta para emagrecer ao mesmo tempo. Eu chegaria a dizer que os que tentaram e conseguiram encontraram nisso uma motivação complementar à dimensão do desafio proposto.

É claro, cada um deve ser livre para fazer suas próprias escolhas. O que você deveria saber é o seguinte: parar de fumar engorda (entre 3 e 10kg, de acordo com o número de cigarros fumados, o tempo que se fumou, a tendência ao sobrepeso, o ambiente social e a necessidade de açúcar).

Em todo caso, se você quiser fazer parte do grupo de bravas e corajosas pessoas que querem matar dois coelhos com uma só cajadada e emagrecer e parar de fumar ao mesmo tempo, **deve seguir a dieta sem falhas e, principalmente, se ativar mais que os outros** (45 minutos em vez de trinta na fase de cruzeiro). Experimente também a acupuntura, que pode ajudar muitas pessoas. Você também pode optar pela homeopatia.

Sua atividade física

Existe um abismo entre fazer um pouco e não fazer nada.
Alguns se dizem que, para fazer uma atividade física, é preciso iniciar uma verdadeira organização, fazê-la muito tempo e muitas vezes por semana, comprar roupas adaptadas etc. Se você pensa assim, vai começar a fazer exercícios físicos... e parar rapidamente.

A mensagem que quero lhe passar é completamente outra. Certamente, não quero destruir seu ardor: você talvez esteja cheio de vontade de começar a fazer exercícios em doses altas e de maneira bem organizada. Gostaria, simplesmente, de lhe dizer uma coisa: em matéria de atividade física, existe um mundo entre fazer pouco e não fazer nada.

Estudos recentes mostraram que pouco importa a duração e a intensidade do exercício físico que você pratica: é sempre mil vezes melhor que não ter atividade física alguma. Além da caminhada, que é parte integrante do meu método, cada gesto, cada movimento é seu aliado. Ainda mais se esses gestos ou esses movimentos forem geradores de prazer.

Exercício do dia

■ **Jovem e ativo:** Hoje faremos sessenta abdominais e vinte agachamentos.

■ **Mais de 50 anos e sedentário:** Hoje vamos fazer 24 abdominais e 13 agachamentos.

Cesta de compras do dia

Para esta noite, peça ao seu açougueiro que prepare um belo **escalope de vitela** (ou, caso esteja muito afetado pela crise econômica, de peru ou de frango). Prepare-o à milanesa, ou seja, empanado. Para a empanada, use farelo de aveia com um ovo inteiro (ou apenas com a clara, de acordo com sua sensibilidade ao colesterol). Saboroso e saciável, crocante na superfície e macio por dentro, você vai adorar saborear essa receita.

Minha lista de compras

- Ovos
- Bresaola
- Escalope de vitela
- Shiratakis
- Iogurtes 0% de gordura e sem açúcar
- Cottage 0% de gordura
- Biscoitos de farelo de aveia Dukan sabor coco
- Atum em lata sem óleo
- Linguado, salmão
- Sorvete de iogurte light

Sua receita de hoje

Escalope de vitela à milanesa

Tempo de preparo **10 min**
Tempo de cozimento **6 min**
Serve **2** pessoas

2 fatias de escalope de vitela bem finas
2 ovos
2 colheres (sopa) de farelo de aveia
2 colheres (sopa) de farelo de trigo
2 limões
Sal, pimenta-do-reino a gosto

1. Amacie bem os escalopes, para poder achatá-los.
2. Em um prato, quebre os ovos, tempere e embeba os escalopes no ovo. Em seguida, passe-os em um segundo prato, no qual você terá misturado o farelo de aveia e o farelo de trigo.
3. Mergulhe mais uma vez (rapidamente) nos ovos e na mistura dos farelos, para empanar bem.
4. Em uma frigideira ligeiramente untada com algumas gotas de óleo (retirando o excesso com papel-toalha) cozinhe durante 3 minutos cada lado do escalope.
5. Sirva cada escalope com meio limão.

Meu diário pessoal

Hoje eu gostaria de verdadeiramente insistir no excelente papel do seu diário. Tudo que você escreve tem importância. Quanto mais coisas disser, melhor será... principalmente se você descobrir um novo ângulo para atirar, novas habilidades, segredos ou modos de funcionamento que lhe são próprios. Por exemplo: "Ontem, descobri que a cebola grelhada carameliza e desenve um sabor açucarado durante o cozimento." Cozinhando mais, você pode quase fazer uma geleia de cebola, com a qual poderá acompanhar sua panqueca de farelo de aveia pelas manhãs.

....

....

....

....

....

....

....

....

....

....

....

....

....

....

Fase de cruzeiro • PL • Dia 49

Dia 49
da minha dieta Dukan

Meu peso inicial:
....

Meu peso atual:
....

total de kg perdidos:
....

Meu peso ideal:
....

Panorama do seu 49° dia

Último dia dos "quarenta". Espero que você tenha conseguido chegar bem perto do seu objetivo. **Hoje, aproveite plenamente do fato de poder comer legumes.** Diga a si mesmo que, em minha dieta, os legumes **têm uma vantagem tão grande quanto as proteínas.** Se são sempre associados às proteínas, é porque é muito difícil, em um dia inteiro, consumir apenas legumes.

Você é um daqueles que adoram comer legumes crus? Uma endívia degustada folha por folha, tomates-cereja, pequenos rabanetes, couve-flor, cenouras inteiras... existem diversas possibilidades. Se os legumes crus o agradam, leve sempre um ou dois consigo: é o que costumo fazer quando tenho que pegar um avião. Caso contrário, sou obrigado a comer uma refeição imposta, que costuma ser gordurosa. É ainda pior nos voos de baixo custo! Neles, você tem a escolha entre a peste e a cólera...

"Escapadas" da dieta

Se você sair da dieta, não deve, de forma alguma, agravar o fato se sentindo culpado. Por quê? Você sabe que é seu cérebro mamífero primitivo (ou sistema límbico) que gera as noções de prazer e de desprazer (a recompensa e a punição, os hábitos, a adaptação à droga etc.). Quando você está em falta de prazer, esse cérebro primitivo o impele a sair da dieta para sentir prazer novamente. Opa! Uma escapadinha da dieta! Isso lhe faz bem. Mas se, nesse momento, você se sentir culpado, vai criar um desprazer que acaba aniquilando o prazer de sair da dieta. E, assim, você só vai ter adicionado as calorias da comida... e vai continuar frustrado. Desse modo, corre o risco de sair da dieta novamente!

Se tiver de ceder à tentação, ceda. Tenho cedido, é inútil se lamentar e se sentir culpado. Goze desse bom momento e, depois, **recomece, com o pé direito.**

Minha mensagem de apoio para você

Como todas as pessoas que sofrem de sobrepeso, **você, certamente, ouviu falar do efeito ioiô.** Assim como o brinquedo de criança que desce e sobe, você pode estar se dizendo que o peso que perde no momento... vai ser recuperado tão rápido quanto foi perdido. Isso é possível e, até mesmo, bastante frequente. Existem muitas e muitas pessoas que ganham peso novamente depois de terem emagrecido, o que varia de acordo com a dieta que fizeram. E, também, principalmente em função do dispositivo que usaram para não engordar novamente. Isso significa que o efeito ioiô não é algo inevitável. Vamos ver isso mais de perto; você quer me acompanhar?

Ao longo de uma dieta você obriga seu corpo a emagrecer. Ora, seu corpo foi programado para não aceitar o emagrecimento. Vivemos em uma época de abundância, mas nosso corpo continua a ser programado para a miséria, como há milhares e milhares de anos. Quando você começa uma dieta, o corpo reage como se, de repente, você tivesse sido catapultado a uma época (ou uma região) em que não existe mais acesso à comida: desse modo, seu organismo considera que sua sobrevivência está ameaçada. **Ele tenta resistir à sua dieta de todas as maneiras possíveis.** Reduz seus gastos físicos, tornando-os cansativos, incita-o a comer mais, desenvolvendo seu apetite e assim por diante. Enquanto a dieta continuar, você estará concentrado no objetivo e não vai engordar. Mas, quano a dieta acabar, o risco de engordar imediatamente é imenso! O corpo está esperando por isso... E essa é a razão pela qual construí a fase de consolidação, que abre suficientemente o leque alimentar: desse modo, não se emagrece mais, mas também não se engorda. E foi também por esse motivo *que decidi que a fase de consolidação deveria durar dez dias para cada quilo perdido (por exemplo, cem dias — ou seja, três meses e dez dias — para uma perda de peso de 10kg). Essa duração é suficiente para que seu corpo entenda que o 'perigo de morte' passou: ele vai baixar a guarda e aceitar o peso perdido como seu novo estado de equilíbrio.*

Esses são os determinantes corporais e metabólicos do famoso efeito ioiô (ou sanfona). Amanhã falarei sobre **os fundamentos psíquicos e afetivos, ainda mais perigosos para fazer com que você ganhe peso novamente.** *Contrariamente aos fatores metabólicos, esses fundamentos nunca se acalmam... E produzem tentações permanentemente, para o resto de sua vida.*

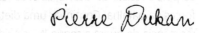

Sua motivação

Hoje eu lhe apresento **a quarta faceta antidesprazer do meu motor de motivação.** Ela serve para lutar contra uma das causas mais frequentes de fracasso de uma dieta: **a estagnação do peso.** Trata-se de um fenômeno normal e inerente a qualquer dieta: é quando você não emagrece mais, apesar de ter seguido bem o regime. Esse período de estagnação é incômodo, injusto e incompreensível para quem o vive. Sendo assim, é importante que você entenda seus motivos.

Quando seu peso estagna, saiba, antes de mais nada, que isso não vai durar! Trata-se de uma tentativa desesperada por parte do seu corpo de resistir ao desvio de suas reservas colocando todas as suas forças na batalha. Continuar uma dieta sem recolher os frutos mina a resistência de quem a segue. Mas cuidado: a pior das respostas nessa queda de braço seria deixar acontecer uma ou diversas escapadas, o que prolongaria ainda mais a resistência do corpo.

Caso você esteja nessa situação, comece o que eu chamo de **"operação de soco".** Durante quatro dias consecutivos passe ao modo PP. Coma o mínimo de sal possível, beba 2l de água e caminhe durante uma hora inteira por dia, durante esses quatro dias. Se sentir que seu corpo está retendo líquido, peça ao médico um drenador vegetal de qualidade. É a melhor maneira de "quebrar" um período de estagnação. Esta é a quarta janela antidesprazer: quatro dias de PP para não mais ter a impressão de estagnar.

Sua atividade física

Involuntariamente, você deixa um objeto cair no chão. Não faça cara feia e pegue-o, como se você mesmo o tivesse colocado lá, com o objetivo de pegá-lo de volta! Não considere mais cada atividade necessária como uma tarefa ou um trabalho entediante, mas como uma **bênção.** Busque esses pequenos esforços que aguçam sua força de vontade e tente criar muitos deles durante o dia.

O primeiro deles é **a escada**, sobre a qual já falei: é um elemento-chave da minha estabilização a longo prazo. Eu mesmo, frequentemente, subo escadas. Quando estou em forma e os músculos das minhas coxas não chegaram ao seu calor máximo, pode me acontecer, quando chego ao meu escritório no quarto andar, de descer para subir as escadas uma segunda vez!

E, agora, vamos falar sobre o carro. Quando você for a algum lugar, em vez de procurar uma vaga mais próxima do seu destino, pare na primeira que encontrar... mesmo que – e ainda mais se – ela o obrigar a **andar um pouco mais!**

Quando puder escolher entre ficar em pé ou sentado, levante-se. Quando puder escolher entre esperar imóvel ou caminhar (no ponto de ônibus, por exemplo, ou na estação de metrô), caminhe, perambule.

Sentado, em vez de se posicionar de qualquer jeito na cadeira, mantenha a postura e finja empurrar para o alto a parte de cima de sua cabeça.

Quando estiver de pé, saiba que, se você se encostar em uma parede ou se apoiar em uma única perna, está colocando o peso do seu corpo nos ligamentos e tendões de suas articulações. Todavia, se você se posicionar de forma a se apoiar sobre as duas pernas ligeiramente afastadas, passa do modo passivo ao **modo ativo,** colocando todo o esforço nos seus músculos (e não mais nos ligamentos). Não hesite em fazê-lo: os músculos solicitados quando estamos de pé são os mais poderosos do corpo... e, também, os que mais queimam calorias.

Manter-se ereto, sem se apoiar em um único lado do corpo, lhe confere elegância. E, assim, você terá diversas oportunidades de dar ao seu corpo a possibilidade de assegurar sua finalidade de "funcionar" de maneira conveniente.

Exercício do dia

■ **Jovem e ativo:** Hoje vamos fazer sessenta abdominais e vinte agachamentos.

- **Mais de 50 anos e sedentário:** Hoje vamos manter 24 abdominais e 13 agachamentos.

Seu ambiente de saúde

A homeopatia tem um papel importante na guerra contra o sobrepeso. Existem fãs da homeopatia e outros que não acreditam muito. Na minha opinião, por sempre ter usado homeopatia, se soubermos definir bem suas indicações, ela pode trazer uma ajuda certeira, sem riscos e barata.

Peça ajuda ao seu farmacêutico: talvez você faça parte do grupo de pessoas para quem a homeopatia funciona bem.

Cesta de compras do dia

Já que estamos em um dia PL, **gostaria de chamar sua atenção para um legume que pode ajudá-lo: o pimentão.** Juntamente com a couve, é o legume mais rico em vitamina C biodisponível (ou seja, perfeitamente assimilada pelo corpo, ao contrário da vitamina C sintética). Podemos escolher a cor do pimentão em função de nossos gostos. O pimentão pode ser consumido cru, principalmente o vermelho, que é o mais açucarado de todos. Pessoalmente, tenho o hábito de levar comigo quando viajo de avião, por exemplo: é tônico, fresco, fácil.

Além disso, o pimentão grelhado é um prato delicioso. Cozinhe no forno sobre a grelha e deixe esfriar em um papel-alumínio ou papel absorvente. Em seguida, corte em fatias e disponha em um pequeno pote. Rapidamente, o pimentão vai soltar um líquido untuoso, que se parece muito com o óleo... só que sem calorias! Para concluir, experimente o pimentão recheado com carne moída: com cebola e temperos (coentro, por exemplo) é fabuloso!

Minha lista de compras

- Leite desnatado
- Requeijão e queijo frescal 0% de gordura
- Rabanete, funcho
- Kani, camarão
- Cottage 0% de gordura
- Pimentões vermelhos
- Berinjela, abobrinha, cebola, alho
- Tofu com ervas finas
- Queijo ralado com 7% de gordura
- Pudim ou flan zero

Sua receita de hoje

Salada de pimentões grelhados

Tempo de preparo **30 min**
Tempo de cozimento **25 min**
Serve **4** pessoas

2 pimentões vermelhos
2 dentes de alho grandes ralados
4 colheres (café) de azeite
Sal

Esta receita contém a dose diária de azeite autorizada.

1. Preaqueça seu forno na função "grill" durante 10 minutos. Lave os pimentões e disponha-os na grelha do forno, no nível mais alto. Sempre verifique o cozimento, para que os pimentões não queimem. Quando pontinhos pretos começarem a surgir, vire os pimentões.

2. Em seguida, retire os pimentões do forno e espere esfriar durante 15 minutos, embalados em uma folha de papel-alumínio bem-fechada, para que o vapor faça com que a pele saia facilmente.

3. Depois de 15 a 20 minutos, retire o cabinho de cada pimentão, assim como as sementes e a pele, que deve sair sozinha.

4. Disponha as fatias de pimentão no fundo de um prato e recubra com alho ralado, sal e azeite. Reserve o prato na geladeira.

Meu diário pessoal

Hoje vou deixar você sozinho com sua folha em branco. Nesses dias, tive a oportunidade de ler o diário de bordo de Darwin, que tinha no *Beagle*, nas ilhas Galápagos. Foi nesse diário de bordo que ele parece ter tido sua premonição de gênio, que revolucionou a visão biológica do homem. E você? Escrever, às vezes, faz com que surjam novas ideias... revolucionárias.

Fase de cruzeiro • Semana 9

Semana 9
da minha dieta Dukan

Minha "estratégia de felicidade"

Da necessidade do belo

Com a aparição da consciência e a fatalidade da morte, os totens, o animismo e os deuses surgiram. Nesse momento, o homem passou a precisar de uma linguagem para se comunicar com o divino. Foi assim que se implantou a necessidade do belo: uma necessidade de criar a beleza e de gozar dela, onde quer que esteja presente. Quer se trate de uma obra de Michelangelo, quer de Mozart, do rosto de uma mulher, da harmonia de uma concha, do cheiro agradável de um perfume, da beleza de um sentimento, de um canto ou de um balé... **tudo que é belo encanta, alegra e nos alimenta de uma emoção estética, que nada tem a ver com chocolates ou salames!** Se você estiver buscando serotonina, eis o que pode saciar sua fome.

Autoavaliação:

☐ Gosto do belo e sou apegado a ele

☐ Gostaria de ser mais sensível ao belo

☐ Não é "a minha praia"

O segredo da semana: mude sua visão sobre o esforço

Hoje, ao fim de uma evolução de 10 mil anos de civilização, em progresso constante, tudo nos leva a considerar o esforço como um inimigo do gênero humano, uma poluição, uma carga, um labor, uma penalidade a ser evitada a qualquer preço. **Faça a aposta contrária a essa.** Considere cada movimento não como um peso ou uma perda de tempo, mas como uma sorte, uma oportunidade e um benefício para controlar seu peso, proteger sua saúde e aumentar seu bem-estar. Se um vizinho está com dificuldades em carregar uma bolsa ou uma mala, corra para ajudá-lo, em vez de evitar seu olhar. Você esqueceu suas chaves no primeiro andar? Não pragueje. Dê ao seu corpo sua razão de ser: fazer funcionarem seus 723 músculos. Um objeto caiu no chão? Seja o primeiro a pegá-lo. Seu elevador não está funcionando? Não adicione lamentações às dos demais condôminos do seu prédio. Suba a pé e lembre-se de que muitas pessoas pagam para fazer o mesmo em uma academia. E não se esqueça de uma coisa... não se engane quanto ao inimigo. É a imobilidade, não o contrário, que lhe faz mal.

Minhas medidas esta semana

Circunferência peitoral:	Circunferência da cintura:	Circunferência dos quadris:	Circunferência das duas coxas:
....	....	....	....

Sugestões de cardápios para a semana

		Meu café da manhã	*Meu* almoço	*Meu* lanche	*Meu* jantar
SEGUNDA--FEIRA	PP	Bebida quente Brioches de farelos de aveia e de trigo com flor de laranjeira Fatias de peito de peru ou de presunto magro Cottage 0% de gordura	Almôndegas de caranguejo Dourada em crosta de sal vermelho Iogurte 0% de gordura e sem açúcar com essência de limão	Iogurte 0% de gordura e sem açúcar com essência de pêssego	Carpaccio de branco **Bolinhos de bacalhau à moda Dukan** Mousse de chocolate com menta Dukan
TERÇA--FEIRA	PL	Bebida quente 1 panqueca de farelo de aveia com cacau sem açúcar Requeijão 0% de gordura	Legumes crus sortidos Chucrute com frutos do mar	Ricota light	**Sopa de abóbora** Gratinado de lagostim e funcho Sorvete de iogurte light
QUARTA--FEIRA	PP	Bebida quente 1 panqueca de farelo de aveia Requeijão 0% de gordura	Enroladinho de bresaola com cottage 0% de gordura Almôndega de carne com ervas finas	1 iogurte 0% de gordura e sem açúcar 1 biscoito de farelo de aveia Dukan sabor coco	Coquetel de camarões com molho Dukan **Ovos mexidos com ovas de peixe** Pudim ou flan zero

QUINTA- -FEIRA	**PL**	Bebida quente 30g de pepitas de farelo de aveia sabor caramelo Leite desnatado Iogurte 0% de gordura	Repolho roxo ralada Picadinho de fígado à moda veneziana Tomates à moda provençal Iogurte 0% de gordura e sem açúcar com essência de limão	1 panqueca de farelo de aveia Queijo frescal 0% de gordura	Atum "Tataki" Posta de salmão com espinafre **Pudim de chocolate amargo**
SEXTA- -FEIRA	**PP**	Bebida quente 1 panqueca de farelo de aveia com cacau sem açúcar 1 omelete de claras com ervas finas Queijo frescal 0% de gordura	Gelatina de ovo mole com presunto Galeto assado Queijo frescal 0% de gordura Cottage 0% de gordura	Cottage 0% de gordura	Requeijão com páprica à moda húngara **Minibocadas de salmão defumado** Muhallebi de Istambul Dukan
SÁBADO	**PL**	Bebida quente 1 panqueca de farelo de aveia Requeijão 0% de gordura Iogurte 0% de gordura	Salada de algas com camarão e/ou caranguejo Sashimis sortidos e salada de repolho Iogurte 0% de gordura e sem açúcar com essência de coco	Barra de farelo de aveia Dukan sabor chocolate 1 logurte 0% de gordura e sem açúcar com essência de baunilha	Caviar de beringela **Shiratakis à bolonhesa** Panna Cotta de cerejas e amêndoas
DOMINGO	**PP**	Bebida quente 30g de pepitas de farelo de aveia sabor frutas vermelhas Leite desnatado e/ ou requeijão 0% de gordura	Miniespetinhos de frango com molho de iogurte Fígado de boi ou frango com vinagre de vinho tinto Cottage 0% de gordura com baunilha e canela	Lassi de rosas	Ovo cocotte com presunto **Torta de frango** Mousse de castanha suíça Dukan

Fase de cruzeiro • PP • Dia 50

Dia 50
da minha dieta Dukan

Meu peso inicial:	Meu peso atual:	total de kg perdidos:
....	....	....

Meu peso ideal:

....

Panorama do seu 50º dia

Aqui estamos, chegamos ao 50º dia. Para você e para mim, é um momento-chave, que significa que você está no último segmento da linha. Este dia cai como uma luva, pois é um dia de proteínas puras, que vai adicionar um último impulso ao seu regime. **Não esqueça de que, quanto mais comer proteínas, MELHOR vai emagrecer (note que eu não disse "MAIS", mas MELHOR).** Varie os alimentos, cozinhe: você pode comer laticínios magros, ovos cozidos, vitela ou peito de peru, atum em lata, sem óleo, presunto magro, kani e panquecas de farelo de aveia. Como você pode notar, não está desarmado para esse dia.

Seu ambiente de saúde

De acordo com uma sondagem recente, **a cada dois franceses, um se declara cansado** — especialmente os jovens, os ativos e, ainda mais, as mulheres. Os problemas afetivos e profissionais cansam. É possível distinguir o cansaço do início da semana, que é ligado ao humor, à vida a dois... do cansaço do final da semana, mais ligado ao esgotamento profissional.

As dietas podem cansar, é verdade. Mas esse costuma ser o caso, principalmente, das dietas que limitam as calorias (dietas abertas aos glicídios, feculentos e leguminosas, mas em quantidades muito pequenas). As dietas ricas em proteínas, como esta que você está fazendo, costumam ser mais estimulantes.

A falta de sono (ou um sono de má qualidade, que não ajuda a recuperar as energias) é uma das principais causas de cansaço. Cuidado, também, com as apneias do sono, que ecoam de maneira muito forte na concentração durante o dia. **A carência em vitaminas e sais minerais** também é importante causa de cansaço. Consuma peixes gordurosos e ricos em ômega 3 em quantidade suficiente. A insuficiência em ômega 3 costuma causar muito cansaço e um sono de má qualidade. **Não consuma café em excesso**, pois esse é um verdadeiro estimulante contra o cansaço, mas pode criar ansiedade e distúrbios do ritmo cardíaco. Tome bastante vitamina C de manhã, durante um mês, principalmente no inverno.

Se o cansaço persistir, consulte um médico: isso talvez se deva a um mau funcionamento da tireoide, principalmente se você for friorento e estiver ganhando peso. Ah, já ia me esquecendo: **a atividade física é um verdadeiro fortificante, tanto no plano do humor quanto no do cansaço muscular e do sono.**

Minha mensagem de apoio para você

Ontem falei sobre o efeito ioiô. Existem razões metabólicas para tal efeito, como já disse ontem: *seu corpo foi programado para proteger as reservas que você o obriga a queimar. Ele reage freando seus gastos físicos e elevando o proveito que você extrai dos alimentos, o que freia sua perda de peso e, às vezes, chega a estagná-la durante muito tempo. Quando você chega ao seu Peso Ideal, essa resistência do corpo não se apaga imediatamente, mas persiste durante um tempo proporcional ao peso que você perdeu.*

Esse tempo foi calculado por mim, *estatisticamente, com base em um grande número de meus pacientes:* **ele se situa nos arredores de dez dias por quilo perdido. Foi baseado nessa duração que construí minha fase de consolidação,** *que você vai começar em breve. Se, ao final de nossa experiência, você tiver perdido 10kg, deve permanecer nessa terceira fase enquanto seu corpo tenta, de todas as maneiras possíveis, recuperar suas reservas perdidas (logo, fazer você engordar novamente).*

Em função da regra dos dez dias por quilo perdido, você deve fazer a fase de consolidação durante cem dias. Ao final dessa duração, seu corpo terá se acostumado ao seu novo peso e terá perdido a vontade indomável de fazer com que você engorde de novo. Esse será o momento de ampliar sua alimentação. **Em suma: o efeito ioiô só existe quando você não respeita o tempo de adaptação do seu corpo.**

Pense nos mergulhadores com seu tubo de ar nas costas. Quando descem até 50 metros no mar, não podem mais voltar de uma só vez para a superfície: eles devem, imperativamente, observar **um patamar na metade do caminho para descompres·**

são. O mesmo acontece com a fase de consolidação. Se você não respeitar a duração requerida, corre um grande risco de engordar novamente. Mas, uma vez que chegue ao fim dessa fase de transição (o tempo de compressão respeitado), não haverá mais efeito ioiô: o metabolismo terá encontrado seu equilíbrio.

Mais uma vez falei um pouco além da conta. Deixarei para amanhã o prazer de lhe falar sobre a segunda aba do efeito ioiô: a parte psicoafetiva que, uma vez que o emagrecimento seja estabelecido, faz com que entre em cena a famosa necessidade de compensar as dificuldades da vida comendo.

Pierre Dukan

"Escapadas" da dieta

Caro leitor, vou lhe pedir um favor: não saia da dieta hoje, nem por uma pequena escapada. Estamos tão perto do objetivo que gostaria que você chegasse na linha de chegada da melhor maneira possível. Para isso, dê-me alguns momentos para organizar e preparar seu dia. Nesta manhã, não se esqueça de fazer sua panqueca de farelo de aveia com um ovo (ou três claras ou uma gema e duas claras). Hoje, correr o risco de passar fome está fora de questão.

Como você está em um dia PP, na hora do almoço, pense em comprar vitela ou peito de peru, laticínios 0% de gordura de todos os tipos... Compre cottage. Se preferir iogurte, está livre para consumir, mas não se esqueça de que só a versão aromatizada está autorizada. Você também pode comer uma bela fatia de salmão defumado (ou duas, você sabe que as quantidades não são limitadas). E, por que não, um belo bife, carne moída, um contrafilé, um escalope, uma costela de vitela...? Como você pode ver, as opções são muitas. E isso porque não mencionei o peixe, que você pode guardar para hoje à noite. Não se esqueça dos camarões de todos os tipos, os crustáceos, os mexilhões...

Para terminar, prepare pudins, mousses, uma ilha flutuante ou merengues, que você vai poder comer na paz do lar, à noite. É possível emagrecer e comer com prazer. Não se esqueça de que, "quanto mais você comer o que for autorizado, melhor vai emagrecer". Preste atenção, vou repetir: não disse "emagrecer mais", mas, melhor: sem frustrações, sem fome e sem culpa.

Sua motivação

Hoje vou lhe apresentar **o quinto e último atenuador de desprazer do meu motor de motivação.** Espero que tenha entendido a importância que essa ferramenta pode ter para você. **O quinto elemento é a energia.**

Em geral, perante a dieta, o que falta não é a compreensão, nem o desejo: é A FORÇA, que está em você e o leva para a frente, destruindo todas as resistências encontradas pelo caminho. Essa força que vem das camadas profundas do seu cérebro primitivo tem por missão proteger sua existência sem que você se dê conta, um pouco como fazem seus glóbulos brancos diante dos agressores de infecção...

Se você está fazendo uma dieta, é porque, neste momento preciso, dispõe dessa força: ela o acompanha para atenuar o sofrimento de emagrecer. Mas cuidado! Considere essa determinação como um combustível limitado, que deve ser sempre renovado, para não se esgotar. Não existe pílula mágica para a força de vontade ou para a motivação.

Vamos, agora, recapitular todas as janelas "geradoras de prazer e atenuadoras de desprazer" propostas pelo MME:

Do lado do prazer:

1) sensação de se ver emagrecendo rápido, especialmente no início da dieta;

2) alegria de ver seu corpo mudando e, enfim, ficando mais fino;

3) alegria de se sentir valorizado pelo sucesso de uma operação difícil;

4) prazer de cozinhar receitas de combate, simples, com bastante sabor e sem gorduras ou açúcar;

5) descoberta do prazer em se mexer... especialmente para um sedentário, que não esperava que o contentamento com o exercício pudesse existir!

No lado dos "atenuadores do desprazer":

1) ausência de fome, graças aos 100 alimentos autorizados à vontade: trata-se de uma das bases da minha dieta;

2) o enquadramento e o seguimento muito estrito, que dão segurança a quem segue a dieta;

3) a relação pessoal baseada na empatia;

4) a gestão crucial dos períodos de estagnação, em que se precisa de duas vezes mais energia e motivação para não recuar;

5) ...ah! Eu queria apresentar a quinta janela atenuadora de desprazer com mais detalhes hoje, mas não tenho mais espaço. Então, falarei a respeito amanhã.

Sua atividade física

Assim como acabei de lhe pedir, na coluna das escapadas, para não sair da dieta hoje, vou continuar lhe pedindo para fazer o possível para caminhar mais que o habitual. **Hoje é um dia de combate, já que a fase de cruzeiro está chegando ao fim.** Tudo que você vai conquistar vai lhe servir como couraça e proteção. Vamos lá, faça um esforço: hoje, podemos chegar até 61 minutos de caminhada. Por que 61? Porque já pedi a você para fazer sessenta antes...

Não perca todas as oportunidades que tiver de usar as escadas para descer e para subir: em sua casa, na casa dos amigos, no trabalho, em qualquer lugar. E não se esqueça dos exercícios de tonificação, pois, para cada quilo perdido na cintura, nos quadris ou nos glúteos, você passa a ter 1cm a mais de pele. É verdade, a pele tem tendência a se contrair novamente, mas um pouco de exercício vai tonificar sua massa muscular... o que vai ajudar a pele a ficar mais firme.

Exercício do dia

- **Jovem e ativo:** Hoje passaremos a 65 abdominais e faremos 22 agachamentos.
- **Mais de 50 anos e sedentário:** Hoje vamos tentar passar a 26 abdominais e a 15 agachamentos.

Cesta de compras do dia

Hoje, vá na direção do bacalhau fresco e do seco, conservado no sal. O bacalhau na salmoura, à moda portuguesa, é um excelente alimento magro. Mas sua grande quantidade de sal nos obriga a dessalgar pelo menos dois dias na água fresca, que deve ser constantemente renovada (para melhorar seu sabor, você pode mergulhar no leite durante duas ou três horas e reservar na geladeira).

Compre bacalhau fresco em filés e corte em pequenos bastões. Enrole-os no farelo de aveia e passe na frigideira, previamente untada com óleo (sempre retire o excesso com papel-toalha).

Em Portugal existem 365 receitas de bacalhau, ou seja, uma para cada dia do ano: com tomate, em forma de almôndegas ou rissole, com alho e óleo, na caldeirada provençal... Experimente, mas cuidado com o sal... Não se esqueça de dessalgar bem!

Minha lista de compras

- Farelo de aveia e farelo de trigo
- Amido de milho
- Fermento químico
- Ovos
- Requeijão 0% de gordura
- Aroma de manteiga
- Água de flor de laranjeira
- Fatias de peito de peru ou presunto magro
- Caranguejo
- Dourado, peixe branco (como garoupa, cherne e robalo) para carpaccio
- Bacalhau salgado
- Cebola, salsa
- Iogurtes 0% de gordura e sem açúcar
- Limão
- Cacau em pó sem açúcar
- Leite desnatado em pó

Sua receita de hoje

Bolinhos de bacalhau à moda Dukan

> Tempo de preparo **15 min (+ 24 h de dessalgação)**
> Tempo de cozimento **30 min**
> Serve **4** pessoas

500g de bacalhau (retirar bem o sal)
1 cebola picada
3 ovos
4 colheres (sopa) de farelo de aveia
Salsa picada
Suco de 1 limão

1. Dessalgue o bacalhau deixando-o dentro de uma grande tigela de água fria durante muitas horas (de preferência por 24 horas, trocando a água regularmente).
2. Quando o bacalhau estiver dessalgado, ferva água em uma panela e cozinhe o peixe durante cerca de 20 minutos.
3. Quando o bacalhau estiver cozido, escorra a água e desfie com um garfo.
4. Adicione a cebola picada, os 3 ovos, as 4 colheres de farelo de aveia e a salsa picada. Misture bem.
5. Esquente uma frigideira antiaderente, e quando estiver bem quente, forme pequenas bolinhas ligeiramente achatadas e doure dos dois lados, durante cerca de 3 minutos para cada lado.
6. Tempere com suco de limão.

Meu diário pessoal

Tente se concentrar no desenrolar do dia que acaba de terminar. Houve, necessariamente, algum elemento (incidente ou qualquer outra coisa) que chamou sua atenção. Isso tem importância: escreva. Caso contrário, amanhã já vai ter esquecido...

Fase de cruzeiro · PL · Dia 51

Dia 51
da minha dieta Dukan

Meu peso inicial:	Meu peso atual:	total de kg perdidos:
. . . .	. . . .	. . . .

Meu peso ideal:

. . . .

Panorama do seu 51º dia

Adicione legumes, hoje é um dia verde e vermelho: verde de vagens francesas e vermelho de tomate. Experimente o gaspacho caseiro, muito fácil de preparar: adicione alguns pequenos cubos de pepino ou de picles, um pouco de farelo de aveia, para lhe dar um pouco mais de consistência **e**, por que não, um pouco de atum em conserva sem óleo. Em todo caso, aguente firme, você está quase chegando lá: é importante chegar na fase de consolidação como um campeão.

Sua atividade física

Para emagrecer você tem duas alavancas à sua disposição: a dieta e a atividade física. A primeira alavanca reduz a quantidade de calorias consumidas, enquanto a segunda aumenta seu gasto. A mais eficaz e mais simples é **a dieta** (ou comer de maneira diferente), a fim de obrigar seu corpo a viver com as reservas que acumulou. Mas como o corpo tem suas maneiras de se adaptar à escassez, também é preciso que um gasto físico intervenha, para unir forças contra sua resistência.

Os indivíduos não são todos iguais diante do emagrecimento: algumas pessoas queimam mais calorias que outras. Essas terão mais facilidade em emagrecer que as que têm um metabolismo mais econômico.

Para além de parâmetros puramente biológicos existem, também, os parâmetros comportamentais. Quando digo isso, penso, especialmente, **na arquitetura afetiva que vem da primeira infância.**

Ainda muito nova, a criança deve gerenciar seus medos (angústia da solidão, medo do escuro). Para compensar o afastamento de sua mãe, a criança chupa o dedo, primeiro artifício simbólico da presença física desta. Quando chega à idade adulta, a criança torna a procurar a relação com sua mãe. É nesse momento que os medos da vida adulta (estresse, abandonos, adaptações necessárias...) fazem com que o dedo que ela chupava reapareça... na forma da comida que engole!

Para você, que está emagrecendo há cerca de dois meses, existe um fator importante a ser considerado: o da resistência que seu corpo faz, que aumenta na mesma medida em que você emagrece. Essa resistência se torna preocupante quando a luta entre seu corpo e sua alimentação se traduz por uma estagnação. **Saiba, então, que seu corpo pode até encontrar meios de resistir à sua dieta,** mas não tem como resistir ao gasto físico. Se você correr durante uma hora e seu peso for de 80kg, seu corpo vai, de qualquer forma, queimar trezentas calorias, nenhuma a menos! Razão a mais para se mexer e emagrecer sem entraves... Isso posto, seu corpo possui um meio de ir contra a atividade física que você lhe impõe: ele pode fazer com que você tenha mais fome e, assim, fazer com que você engorde mais. Ora, basta comer um bolinho para aniquilar os efeitos de uma hora de jogging! A caminhada é a única atividade que não excita o apetite.

Por conseguinte, quando seu peso estagnar de maneira não merecida, adicione atividade física, mas, cuidado... nada de muito intenso, que aumentaria seu apetite. Faça apenas uma caminhada, lenta ou moderada, se tiver tempo (ou uma caminhada rápida, se lhe faltar tempo).

Exercício do dia

- **Jovem e ativo:** Hoje vamos fazer 65 abdominais e 22 agachamentos.
- **Mais de 50 anos e sedentário:** Hoje vamos manter 26 abdominais e 15 agachamentos.

Minha mensagem de apoio para você

O famoso efeito ioiô (perda de peso seguida de um ganho de peso imediato) foi inventado por pessoas que querem tirar o crédito das dietas. Por trás disso existe a ideia de que o sobrepeso é uma fatalidade, qualquer que seja a dieta ou o método utilizado.

*Essa leitura da realidade é errônea e nada tem de inocente. **Todo mundo sabe engordar. Emagrecer é mais difícil.** No entanto, se fizermos nosso máximo, é possível.*

***Em contrapartida, estabilizar o peso é infinitamente mais complicado.** No fundo, a estabilização demanda mais conhecimento, mais experiência e psicologia. É o que chamo de 'para o resto da vida' (depois do fim da dieta) e que deve ser vivido sem enquadramento (você deve conseguir estabilizar seu peso sozinho).*

*Então, a que se deve essa dificuldade em estabilizar um peso perdido? Antes de mais nada, devemos considerar que, se você engordou, é porque foi obrigado a usar a alimentação como um reflexo, para ajudá-lo a viver melhor. **Emagrecer significa abandonar essa ajuda... e fazer exatamente o oposto, passar a um modo restritivo.** Por outro lado, se o prazer de emagrecer compensa o prazer que você tem ao comer coisas gordurosas e doces (ou seja, gratificantes), este é apenas um equilíbrio precário, que não pode resistir às **"dificuldades da vida"** que cada um encontra pelo caminho, mais cedo ou mais tarde. E, no entanto, apesar de tudo que se ouve, existem pessoas que conseguem se manter definitivamente em seu Peso Ideal. Depois de terem perdido peso — e, às vezes, muito peso —, **algumas pessoas nunca mais engordam.** Logo, isso significa que é possível... E se é possível para uma pessoa, pode* *ser possível para duas, cinco, dez... Meu método é difundido por meus livros e pelo meu site de acompanhamento on-line. Graças aos livros, 50% dos meus leitores mantiveram seu peso por dois anos (e 25% deles mantiveram por cinco anos). Com o acompanhamento on-line, a porcentagem aumentou ainda mais e chega a 40% (ou seja, DEZ vezes melhor que as dietas acadêmicas, que têm uma porcentagem de êxito de 3% em cinco anos). Atualmente, o establishment continua estranhamente apegado ao dogma das calorias e das dietas clássicas... mesmo que continuem não dando certo. Por que esse apego a um fracasso flagrante?* **Porque nenhum dos atores econômicos tem interesse em lutar contra o sobrepeso.** *Engordar é o símbolo da abundância induzida pela sociedade de consumo. Permitir que todas as pessoas em sobrepeso emagreçam minaria os recursos da vida econômica e seu crescimento.* **Se você quiser emagrecer, não conte com mais ninguém, a não ser consigo mesmo.**

Quando um jornalista quer me deixar em maus lençóis, diz que conhece pessoas que seguiram meu método e engordaram novamente. Eu também conheço... mas o que isso prova? Você conhece algum médico que cuida de uma bronquite e garante que você nunca mais vai ter crises? Não, claro que não. Quem garante um compromisso perene, quem se casa tendo certeza de que vai ser 'para o resto da vida'? Ninguém (ou cada vez menos gente).

Pierre Dukan

"Escapadas" da dieta

Ontem eu pedi a você que fizesse seu máximo para tentar não sair da dieta. Hoje, vou lhe pedir a mesma coisa. Mas, a essa recomendação, adicionarei um pequeno trunfo incitativo, **um dos meus segredos pessoais.** Como você conhece as horas e os lugares em que é mais vulnerável, pense, quando estiver nessas zonas de risco, em colocar na boca um... **cravo! Por quê? Magia? De forma alguma!**

O cravo é dotado de propriedades anestesiantes que os dentistas conhecem bem (eles o usam para atenuar a sensibilidade dolorosa de um dente ou de uma gengiva inflamada). Em pouco menos de trinta segundos sua língua, sua gengiva, seu palato e a parte interna de suas bochechas ficam totalmente anestesiados. E a sensibilidade de seus botões gustativos, situados na base de sua língua, enfraquece.

Sendo assim, **se você sair da dieta nesse contexto, não vai aproveitar o que comeu!** Decepcionado, você vai ter melhores chances de se desviar da vontade de comer o que não pode. Experimente! Mas escolha cravos de excelente qualidade e coloque-os durante uma noite inteira enfiados em uma maçã, um marmelo ou uma pera, para atenuar a acidez desta especiaria de gosto encorpado.

Sua motivação

Se você quiser reforçar sua motivação, pense, antes de mais nada, em tudo que acaba de obter ao longo desses cinquenta dias da fase de cruzeiro (mais os dias da fase de ataque). O peso que você acaba de perder não é uma historinha ou uma ilusão: é algo concreto e palpável, e você, que se pesa todos os dias, sabe que é verdade, pois é o que a balança mostra.

Você consegue perceber essa sensação e esse clique em seu corpo a cada vez que a balança mostra uma perda de peso, mesmo que seja de 200 ou 300g? Uma vontade de explodir de alegria surge em você — é um pouco como a alegria dos jogadores de futebol quando acabam de marcar um gol! Você fica com vontade de ir mais além, para aprofundar esse autocontrole que está adquirindo, dia após dia. Quando o vento sopra, as velas se enchem e o navio começa a navegar pelas ondas: sua motivação está no ápice. **Você tem todas as cartas nas mãos, nada pode resistir a você.** Mas seja prudente.... pois, definitivamente, não é o momento de achar que tudo está ganho. É meu dever lhe dizer que, diante do peso, você sempre será uma presa, nunca o predador: você é sensível à tentação, ao convívio com os outros, ao sofrimento, ao tédio, à solidão e ao estresse.

Seu corpo é um autômato programado para estocar reservas de gordura. O sobrepeso continuará a rondá-lo, esperando o momento em que você baixará a guarda. A única coisa que pode se interpor entre você e o sobrepeso é a construção profunda na sua rede de neurônios daquilo que chamamos de **circuitos preferenciais,** que nada mais são que os novos hábitos. **Você engordou porque tinha hábitos** que davam ao seu corpo a oportunidade de estocar peso. **Atualmente, você começou a construir os fundamentos de novos hábitos,** que o protegerão de ganhar peso novamente.

Seu ambiente de saúde

No âmbito de um ambiente de saúde, um ponto de importância maior deve ser levado em consideração: o da sua **hereditariedade familiar** (filho de peixe, peixinho é!). Pense na saúde de sua mãe, de seu pai e, em escala um pouco menor, na saúde de seus avós, tios e tias. O que você deve procurar? Todos os fatores de risco e de propensão: diabetes, hipertensão, problemas de tireoide, idade da pré-menopausa, câncer dos seios ou da próstata, fragilidade brônquica e pulmonar, Alzheimer e, é claro, sobrepeso... É necessário buscar as causas genéticas da vinda inesperada de doenças, mas também as culturais, por exemplo. Para cada caso, para cada patologia que tenha abatido sua família, existe um ensinamento a ser tirado.

Em seu caso, uma vez que você tem problemas de sobrepeso, o mais importante é reagir à **hereditariedade do diabetes**. Cabe apenas a você EVITAR ou, melhor ainda, escapar do diabetes, ou seja, prevenir a doença antes de precisar remediá-la. Basta controlar e reduzir os açúcares, perder peso e se mexer um pouco mais. **Para a hipertensão arterial,** a perda de peso é o único (porém poderoso) antídoto. **Para as apneias do sono,** o mesmo tratamento. **Para a tireoide,** é necessário sempre estar de olho, para não descobrir sua disfunção tarde demais, quando o sobrepeso já estiver instalado no corpo. **Para os cânceres, o emagrecimento é absolutamente recomendável.** Diminuir a ingestão de glicídios reduz a frequência do câncer (e freia sua evolução, quando a doença estiver declarada). **Para o Alzheimer,** os fatos são menos garantidos... mas, estatisticamente, demonstrou-se que o diabetes e o colesterol também aceleram sua aparição.

Cesta de compras do dia

Já que, hoje, você pode comer legumes, por que não experimentar uma **boa sopa** na hora do jantar, ou mesmo na hora do almoço? Por exemplo, uma excelente sopa **à base de abóbora,** muito fácil de preparar, com a consistência que você quiser lhe dar. Uma sopa de tomate ou uma sopa cremosa de abobrinha também são boas opções. E por que não uma sopa de peixe? De acordo com seu gosto e com a estação do ano, compre o que for necessário.

Minha lista de compras

- Cacau em pó sem açúcar
- Requeijão e cottage 0% de gordura
- Legumes crus sortidos
- Chucrute sem óleo
- Frutos do mar para chucrute
- Ovos
- Abóbora, cenoura, cebola
- Leite desnatado
- Lagostins
- Sorvete de iogurte light

Sua receita de hoje

Sopa de abóbora

Tempo de preparo **15 min**
Tempo de cozimento **40 min**
Serve **4** pessoas

600g de abóbora
2 cenouras
2 cebolas
1 dente de alho
1l de leite desnatado
1 gema
4 colheres (sopa) de requeijão 0% de gordura
2 pitadas de gengibre em pó

2 pitadas de páprica
Sal, pimenta-do-reino a gosto

1. Em uma panela, adicione 1 litro de leite.
2. Descasque e corte a abóbora em pedaços, assim como as cenouras, as cebolas e o dente de alho. Coloque tudo na panela. Cozinhe com tampa durante 40 minutos. Mexa de vez em quando, para verificar se os legumes não estão colando uns nos outros. Adicione um pouco de água, caso seja necessário.
3. Quando estiverem cozidos, bata os legumes no liquidificador. Adicione um pouco de leite, se achar necessário, em função da textura desejada. Tempere com sal e pimenta-do-reino e adicione a páprica e o gengibre em pó. Por fim, adicione a gema e o requeijão, misturando bem.

Meu diário pessoal

Tome conta de si mesmo, trate-se com carinho e venha se queixar em seu diário (ou falar sobre o quanto está orgulhoso de si mesmo). De qualquer modo, venha escrever. O sofrimento pode ser atenuado quando você escreve, assim como sua alegria pode ser ainda mais exaltada.

Fase de cruzeiro · PP · Dia 52

Dia 52
da minha dieta Dukan

Meu peso inicial:	Meu peso atual:	total de kg perdidos:
....	....	....

Meu peso ideal:
....

Panorama do seu 52º dia

Eis que estamos de volta a um dia PP: você, com certeza, está começando a conhecer os alimentos ricos em proteínas e a se acostumar a eles. **Aqui vai um dos segredos das pessoas que nunca mais engordam:** depois de terem emagrecido com a minha dieta, elas consomem "um pouco mais" de proteínas do que consumiam antes. Essa simples mudança de hábito é suficiente para protegê-las do sobrepeso. "Quando chego em um restaurante, busco, no cardápio, os alimentos mais ricos em proteínas, sejam carnes, peixes, frutos do mar ou aves. Quando os vejo, me sinto em segurança", me disse, um dia, um paciente que nunca mais engordou novamente. As proteínas são saudáveis e têm importante papel na saciedade.

Sua atividade física

Hoje as oportunidades para que nos mexamos se fazem raras... Os seres humanos não precisam mais fazer esforços físicos para obter o que querem.

No entanto, fazer com que seu corpo trabalhe é de extrema importância: **é bom para a saúde,** previne todas as doenças (cardiovasculares, câncer, diabetes, Alzheimer... e tantas outras vulnerabilidades). A atividade física **melhora o humor**, facilitando a secreção de serotonina e dopamina. Mas, na realidade, a caminhada não tem por objetivo nos proteger da doença: ela nos permite, principalmente, ir de um lugar a outro.

A atividade física não deve ser percebida como uma atividade terapêutica em si, mas, antes, como uma atividade natural, cuja ausência é péssima para a saúde. A mesma coisa para beber e respirar, cuja privação representa um perigo...

Seria cômico interpretar a reintrodução da respiração como uma atividade necessária para a nossa saúde! Mexer-se é nada mais que uma necessidade fisiológica, um ato natural e indispensável, cuja ausência é símbolo de desumanização.

Exercício do dia

- **Jovem e ativo:** Hoje vamos fazer 65 abdominais e 22 agachamentos.
- **Mais de 50 anos e sedentário:** Hoje vamos manter 26 abdominais e 15 agachamentos.

Minha mensagem de apoio para você

Cuidado com os discursos que dizem que com uma alimentação equilibrada e tomando cuidado com as quantidades necessariamente se emagrece!

Se quiser realmente emagrecer e, principalmente, se seu excesso de peso for muito grande, você não vai emagrecer senão seguindo uma dieta suficientemente forte e eficaz para perseguir suas gorduras de reserva bem no fundo de seu tecido adiposo.

Imagine uma pessoa que teria entre 15 e 20kg a perder: se ela se ativer apenas a uma alimentação equilibrada, vai emagrecer "em fogo brando," e, com isso, são grandes as chances de se desmotivar.... Em contrapartida, ao fim de seis dias de proteínas, ela vai ter perdido 5 kg: imagine sua motivação!

*No futuro, você vai continuar a ouvir esse discurso: muitas pessoas de bem continuarão a afirmar que **para ser magro "basta ter uma alimentação equilibrada".** Conformismo, discurso pronto e politicamente correto, além de uma proximidade muito grande com indústrias alimentares e farmacêuticas, explicam, em parte, essa atitude, por mais decepcionante que isso seja. Quanto a você, deixe que seu espírito crítico e seu bom senso trabalhem. **Não é com um chá ou ervas medicinais que vamos ganhar a guerra contra o sobrepeso!***

Pierre Dukan

Seu ambiente de saúde

Hoje eu gostaria de insistir em um conceito aparentemente inofensivo... mas muito importante para ajudá-lo a emagrecer e proteger sua saúde. **Quero falar sobre as fibras alimentares.**
A alimentação dos franceses (e dos ocidentais, em geral) é pobre em fibras. E daí? — você me diria. Bom, se não adquirir o hábito de consumir mais fibras, você vai ter dificuldades em estabilizar seu peso e se manter em boa saúde. E, no entanto, não existe nada de muito particular nessas fibras: não há nutrientes, nem calorias, nem vitaminas... **Então, por que elas são tão importantes?** Presentes nos alimentos de origem vegetal, elas regulam o funcionamento da maioria dos órgãos.

Antes de mais nada, elas dão consistência aos vegetais: sua parte crocante **freia o apetite.** E, além disso, as fibras resistem ao trituramento no estômago e diminuem o ritmo do esvaziamento gástrico, facilitando a sensação de saciedade.

No intestino delgado, as fibras do farelo de aveia **diminuem a progressão dos glicídios e a absorção das gorduras,** entre as quais o colesterol. E, finalmente, no cólon, as fibras insolúveis do farelo de trigo facilitam suas contrações e fazem com que o bolo intestinal avance. De maneira geral, as fibras têm um papel muito importante na prevenção do câncer de cólon.

Revestindo as paredes do cólon, as fibras reduzem o tempo de contato entre os dejetos cancerígenos e suas mucosas.

Em suma: tanto para o apetite, a saciedade, a penetração de açúcares e gorduras quanto para o câncer do cólon e o trânsito intestinal, as fibras vindas dos vegetais são muito úteis... Essa ajuda pode se tornar uma verdadeira fortaleza a longo prazo.

Pense em comer alimentos que contenham fibras. É um hábito que deve ser adquirido e que será especialmente útil no momento da estabilização do seu Peso Ideal.

"Escapadas" da dieta

Estamos chegando cada vez mais perto do objetivo, estamos tão perto... Talvez, até, você já tenha perdido os quilos que queria perder. Assim sendo, pedir para você não sair da dieta me parece supérfluo. É aqui que começamos a entender a potência da motivação em ação. **Você chegou a um momento da dieta em que não precisa mais de mim para "voar em direção à vitória".** É claro, você não tem o menor motivo para recuar agora. Mas, mesmo assim, continuo de olho em você. Desconfie da euforia proporcionada por bebidas alcoólicas, vinho ou champanhe, pois ela pode reduzir sua vigilância e torná-lo irresponsável. AGUENTE FIRME.

Sua motivação

Hoje vamos jogar juntos um jogo de motivação que eu chamo de "Dança com os lobos".
Você está em um país cheio de neve, em pleno campo, e ouve os sons de lobos famintos. Eles estão rodeando sua casa, atraídos pela vida que podem perceber nela e pelos cheiros de alimentos que você está preparando. Eles rodeiam como tudo que, em sua vida, incessantemente, o incita a comer demais ou a comer mal. Aqui, é uma vitrine de padaria com cheirinho de pão quente. Lá, uma pausa para tomar café com bolo de chocolate preparado por um colega que pensou estar fazendo bem. E, lá ainda, é o almoço no restaurante com seu chefe, que o faz exagerar e o convida a experimentar esse pão crocante e morninho, servido com manteiga, que o garçom acaba de colocar sobre a mesa. Oh! E lá... uma adorável noite na casa dos amigos: tudo que tem para comer é pizza, salame, linguiça, uma salada de arroz e sobremesas sortidas.

Em todas as ocasiões, **essas tentações devem ser consideradas como lobos que giram ao seu redor. Se, ainda por cima, você estiver com fome, isso quer dizer que o inimigo está, ao mesmo tempo, dentro e fora de sua casa.** Sendo assim, tente não se expor ao perigo: evite restaurantes em que as opções de cardápio não são possíveis para você, escolha seus convites a dedo ou vá apenas às casas dos verdadeiros amigos, que estão prontos a ajudá-lo. E quando passar em frente a uma padaria e sentir o tentador cheiro do pão e dos bolos quentinhos, diga a si mesmo que é apenas um perfume químico!

Acima de tudo, nunca vá a um lugar de tentação alta de estômago vazio. E, finalmente, diga a si mesmo que basta comer um ou dois iogurtes, um ovo cozido ou uma colher (sopa) de farelo de aveia para evitar se tornar uma presa fácil para esses predadores...

Cesta de compras do dia

Hoje, compre as peças do açougueiro e do peixeiro. Esses dois comerciantes de proteínas naturais têm seu pequeno segredo: boas peças... que guardam para si. Se perguntarmos, vão dizer que são peças que ninguém pede. Na realidade, existem peças que os peixeiros e os açougueiros não costumam vender, mas que são de altíssimo valor gastronômico.

Se você for um cliente persuasivo, seu açougueiro vai lhe vender uma peça rara de tempos em tempos. O mesmo acontece com o peixeiro: peça que lhe venda ovas de peixe, a parte mais carnuda do salmão... São peças muito originais, festivas e deliciosas, que demandam muito pouco tempo de preparo: uma passada na frigideira, sal, pimenta-do-reino e está pronto. Experimente rápido!

Minha lista de compras

- Requeijão 0% de gordura
- Bresaola
- Cottage 0% de gordura
- Bife de hambúrguer com 5% de gordura
- Iogurte 0% de gordura e sem açúcar
- Biscoito de farelo de aveia Dukan sabor coco
- Camarões
- Ovos
- Ovas de peixe
- Pudim ou flan zero
- Leite desnatado

Sua receita de hoje

Ovos mexidos com ovas de peixe

Tempo de preparo **5 min**
Tempo de cozimento **8 min**
Serve **4** pessoas

4 ovos + 2 claras de ovos
2 colheres (sopa) de ovas de peixe (linguado, robalo, tainha, bacalhau...)
Ervas de Provence, pimenta-do-reino

1. Em um recipiente, bata os ovos inteiros com as claras.
2. Tempere com pimenta-do-reino e adicione as ervas de Provence.
3. Em uma frigideira antiaderente, cozinhe as ovas de peixe durante alguns minutos. Quando estiverem cozidas, abra-as delicadamente e retire, se possível, a película exterior que contém os ovos. Adicione as ovas batidos e mexa bem, cozinhando por alguns minutos, mas conservando a consistência um pouco cremosa.
4. Sirva bem quente.

Meu diário pessoal

Estou esperando você hoje em seu diário e espero que, agora, já tenha adquirido o hábito de escrever e consiga mantê-lo naturalmente... como se fosse um blog pessoal.

Fase de cruzeiro · PL · Dia 53

Dia 53

da minha dieta Dukan

Meu peso inicial:	Meu peso atual:	total de kg perdidos:
....	....	....

Meu peso ideal:

....

Panorama do seu 53º dia

Hoje é um dia de legumes. Vou correr o risco de ser um pouco repetitivo. Você sabia que a humanidade existe há 200 mil anos? Durante os 190 mil primeiros anos, o homem viveu da caça e da colheita, principalmente de proteínas e legumes... como você, nesse momento! O homem primitivo se alimentava também de algumas frutas selvagens (como mirtilos ou amoras extremamente fibrosas, ácidas na boca) e de certas gramíneas (como o trigo ou o centeio selvagens, raros e sazonais). A sua atividade de caça, muitas vezes, ultrapassava, em gasto calórico, o número de calorias fornecido pela comida que ele ingeria.

Hoje temos chance de ter, à nossa disposição, um verdadeiro Himalaia de legumes, com proveniência de inúmeros países e regiões. **Já lhe disse uma vez e vou repetir: se você está em conflito com seu peso, os legumes são a melhor ajuda alimentar que poderia encontrar.** Adquira o hábito de consumir muitos legumes. São alimentos excepcionais para controlar seu peso, proteger sua saúde e para que você possa aproveitar plenamente os vinte anos de longevidade recentemente conquistados. E, finalmente, para dar minha última palavra (apesar de, agora, eu imaginar que você já saiba qual é): em toda a minha vida de médico nunca encontrei um único obeso que tenha me dito gostar muito de legumes.

"Escapadas" da dieta

Hoje, já é tarde demais, já passou da época de sair da dieta! De qualquer forma, tão perto do objetivo, é raro ver as pessoas abaixarem os braços. E, também, aposto que você já se acostumou a essa nova maneira de se alimentar.

Pela minha experiência, conheci pouquíssimos pacientes apressados para abandonar a dieta. Eu chegaria a dizer que muitos desses pacientes temem passar à fase de consolidação, pois sabem que é o momento de se abrirem a uma nova alimentação, com um grande número de alimentos novos.

Entre os que entram na fase de consolidação (a terceira fase que segue a dieta propriamente dita), notei que sempre existem pacientes que continuam a emagrecer... e, às vezes, preocupam-se com isso. Ainda que vitoriosos graças à dieta, eles têm medo de engordar de novo. Assim, respeitam as novas instruções da fase de consolidação (em que são adicionadas as frutas, pão, queijo, feculentos e refeições de gala...), **mas com uma prudência tão grande que continuam emagrecendo!**

Em geral, ao fim de algumas semanas, ou alguns meses, esses pacientes passam a ver que não engordaram e comem normalmente, até encontrar seu ponto de equilíbrio. Nos próximos dias vou lhe explicar como as coisas vão se passar quando nos despedirmos... Até amanhã.

Minha mensagem de apoio para você

Certas pessoas dizem que quem emagrece rápido corre o risco de engordar novamente, e rápido. *Isso é, ao mesmo tempo, verdade... e mentira! Se você emagrecer rápido e, em seguida, não cuidar mais de sua alimentação, é claro que vai engordar... mas não mais rápido do que se você tivesse emagrecido lentamente! Em contrapartida, emagrecer rápido traz uma satisfação intensa (quando emagrecemos lentamente, esse prazer de emagrecer diminui consideravelmente).* **Emagrecer rápido é trazer uma vitória relâmpago, que dinamiza e traz satisfação: nada mais excitante que o gosto do sucesso!** *Além disso, foi provado que quem emagrece rápido tem mais tendência, em seguida, a estabilizar corretamente o peso adquirido. No entanto, uma vez que o peso desejado foi obtido, deve-se compreender que nem tudo está ganho: depois da guerra, é preciso instaurar a paz... e esse é outro trabalho.*

Nos anos 1970, quando comecei a praticar a nutrição, os pacientes e nutricionistas tinham um único objetivo: obter uma perda de peso que se mantivesse em seguida, pela simples inércia. Evidentemente, as coisas não podiam funcionar desse jeito!

Nos anos 1980, entendi que sem o plano de consolidação os quilos a mais teriam tendência a voltar. Imaginei uma fase de transição que fosse uma etapa imediatamente após a fase de cruzeiro. Em alguns dias, vou explicar mais em detalhes: você vai adorar. No entanto, apesar de uma franca melhora de resultados graças a essa fase de consolidação, um grande número de pessoas continuou a ganhar peso novamente.

Desde o início dos anos 1990, criei, então, a quarta fase do meu método: trata-se de uma fase de estabilização definitiva, sujeita ao respeito de apenas três medidas simples, eficazes e suficientemente indolores para serem adotadas para o resto da vida.

Aqueles que emagreceram e vão até o fim das duas outras fases do meu método podem estar certos de que nunca mais engordarão novamente.

Pierre Dukan

Seu ambiente de saúde

Em uma perspectiva de saúde e sobrepeso, é difícil não **falar sobre o magnésio.** Seu papel no sistema nervoso central é essencial. Um déficit de magnésio pode ser traduzido por uma espantosa avalanche de sintomas: espasmofilia, cãibras, entorpecimento, ansiedade, insônia, contrações involuntárias das pálpebras ou dos lábios... e assim por diante.

Podemos ter uma carência de magnésio por diversas razões: o estresse consome e reduz nossas reservas, o excesso de refinamento dos alimentos reduz seu teor de magnésio e, às vezes, as dietas para emagrecer são a causa dessa carência.

Se suas pálpebras "tremem" involuntariamente, isso talvez seja um primeiro sinal de espasmofilia... Converse com seu médico. Na ausência de sintomas e para prevenir sua eventual aparição, consuma os dois alimentos mais ricos em magnésio: o cacau e a soja (e, entre os legumes, consuma espinafre).

Sua motivação

Você sabia que em quatro dias a nossa viagem em comum chegará ao fim? Espero que ao longo desses dois meses eu tenha conseguido guiá-lo de maneira eficaz em direção ao seu Peso Ideal (e espero que você tenha chegado a ele quando nos despedirmos!). Para mim, foi uma experiência inédita. Aprendi muitas coisas durante a redação deste diário de bordo: desta vez, não era apenas um livro "estático"; quis viver dia após dia o desenrolar de um caderno de viagem; em companhia de um desconhecido, o qual tive que imaginar, cujas preocupações cotidianas eu tive de perceber. Dia após dia, ao escrever, pude acompanhar de mais perto o esforço que podem representar 60 dias de combate, sem descanso, contra uma das necessidades mais enraizadas da fisiologia e da psicologia humanas.

Nesta sessão, minha missão era motivá-lo. E, por causa disso, pensei muito no sentido dessa palavra tão famosa, e me dei conta de duas coisas novas e surpreendentes. Antes, entendi que a motivação, assim como a força de vontade, não depende nem de sua decisão, nem de seu livre-arbítrio. A motivação é algo que não podemos fazer surgir assim, tão facilmente. Podemos querer nos lembrar de um fato ou nos concentrar em um assunto, mas não podemos decidir do nada nos motivar. Para fazê-lo, é preciso acionar as forças vindas das profundezas de nosso antigo cérebro inconsciente. **Para se motivar diante de uma tarefa tão difícil e também tão "contra a natureza" quanto o fato de emagrecer, deve-se recorrer aos instintos do cérebro reptiliano e aos prazeres do cérebro límbico.** Você é habitado por forças e pulsões inconscientes, que debatem as decisões de seu corpo em um "parlamento de instintos".

Se você quiser emagrecer, vai ter de confrontar o seu instinto alimentar, que se opõe ao emagrecimento mesmo quando esse pode levar a uma obesidade destruidora. Você também vai se chocar com sua necessidade de sentir prazer e se acalmar, que sempre privilegia a satisfação imediata aos benefícios posteriores (mesmo que estes sejam infinitamente superiores).

Diante do sobrepeso, alguns de nós têm a sorte de ter uma motivação maior que a dos outros, pois são levados por melhor coalizão de instintos que os demais. Isso poderia soar como má notícia... Mas ainda existem outras maneiras de contornar o determinismo dessas decisões profundas. Até amanhã, quando desenvolverei mais o assunto...

Sua atividade física

Hoje eu gostaria de falar sobre o *trekking*. Não sei qual é a sua idade, mas, caso ainda seja muito jovem, é possível que a palavra lhe pareça um pouco "fora de moda". **O *trekking* é praticado em grupo, e essa é uma parte de seu segredo.** Estar e trabalhar em conjunto são necessidades humanas fundamentais, pois precisamos uns dos outros.

Você já sabe o que eu penso sobre a caminhada. Se você estiver seguindo corretamente minhas instruções, deve ter caminhando durante

30 minutos por dia durante 52 dias. O *trekking* é completamente diferente. Antes de mais nada, um *trekking* se desenrola em um dia inteiro: começa-se de manhã e termina-se à noite (um dia de final de semana, quando não se trabalha).

Juntos, em grupo, encontramos uma velocidade de caminhada comum e conversamos durante o caminho, transitando entre uns e outros. Habitualmente, o *trekking* é feito em um clube de esportes. O ideal é fazer com pessoas que tenham os mesmos interesses e motivação que você. Como você quer emagrecer e estabilizar seu peso, tente encontrar companhias que compartilhem o mesmo objetivo.

De acordo com o último estudo da federação francesa de passeios pedestres, apenas 1,6% de obesos é encontrado entre as pessoas que realizam essa atividade (contra 11,3% encontrados na população em geral).

Exercício do dia

- **Jovem e ativo:** Hoje vamos fazer 65 abdominais e 22 agachamentos.
- **Mais de 50 anos e sedentário:** Hoje vamos manter 26 abdominais e 15 agachamentos.

Cesta de compras do dia

Hoje, não se esqueça de comprar cacau. O chocolate se tornou um alimento de admiração. Por quê? Porque é o alimento mais psicotrópico (que tem uma ação no cérebro e no comportamento) do planeta. O chocolate deve sua fama às propriedades conjugadas de um certo número de constituintes: seu alto teor de **açúcar**, muito viciante, sua riqueza paradoxal de **estimulantes** (cafeína, teobromina) e de **sedativos** calmantes (magnésio). Finalmente, e sobretudo, o chocolate é rico em **feniletilamina**, precursor da serotonina nos efeitos antidepressivos e euforizantes.

Como você ainda não pode comer chocolate, saiba que **o ativo farmacológico do chocolate é o cacau**. Desprovido de açúcar e muito menos gorduroso que o chocolate, o cacau contém, mesmo assim, 30% de gordura. Existe o cacau com 12% de gordura, mas, pouco tempo atrás, encontrei um cacau excepcional, com **1% de gordura**. Se você encontrar esse cacau, pode facilmente controlar sua necessidade de comer chocolate...

Minha lista de compras

- Leite desnatado
- Repolho roxo ralado
- Fígado de vitela
- Tomates, cebolas
- Iogurtes 0% de gordura e sem açúcar
- Queijo frescal 0% de gordura
- Atum cru, postas de salmão
- Espinafre
- Cacau em pó sem açúcar
- Ágar-ágar ou gelatina sem sabor

Sua receita de hoje

Pudim de chocolate amargo (PL/PP)

Tempo de preparo **5 min**
Tempo de cozimento **10 min**
Tempo de refrigeração **4 min**
Serve **6** pessoas

1l de leite desnatado
10 colheres (sopa) de cacau em pó sem açúcar
8 colheres (café) de adoçante líquido
4 gramas de ágar-ágar ou gelatina sem sabor (ou duas colheres de café rasas)
1 colher (sopa) de aroma de baunilha

1. Misture o ágar-ágar com um pouco de leite para dissolver.
2. Em uma panela grande, despeje o restante do leite e esquente em fogo brando. Adicione o cacau, o adoçante e o aroma de baunilha, misturando bem devagar, para que o preparo fique fluido, sem grumos. Experimente para verificar se o preparo está doce o suficiente para você, em função da quantidade de cacau.
3. Adicione o ágar-ágar.
4. Aumente o fogo até que o preparo entre em ebulição, mexendo sem parar. Continue por pelo menos 1 minuto depois da ebulição, para que o ágar-ágar seja bem-incorporado na mistura.
5. Despeje em uma forma para pudim ou em copinhos individuais. Leve ao refrigerador e espere pelo menos 4 horas antes de servir.

Meu diário pessoal

Leia e releia seu diário. Assim, você vai entender melhor sua importância. Tente adquirir esse hábito, mesmo que seja apenas uma vez por semana: é excelente maneira de se conhecer e detectar suas próprias forças e fraquezas.

Fase de cruzeiro · PP · Dia 5

Dia 54
da minha dieta Dukan

Meu peso inicial:	Meu peso atual:	total de kg perdidos:
....	....	....

Meu peso ideal:
....

Panorama do seu 54º dia

Faltam apenas dois dias de proteínas puras: hoje e depois de amanhã. Viva cada um desses dois dias com atenção e reconhecimento. Eles são o tempo forte de seu motor a dois tempos. Consumir apenas proteínas aumenta a eficácia da dieta e evita a estagnação do peso, que é muito frequente nas dietas que levam em conta apenas o número de calorias, sem considerar sua origem nutricional. Uma dieta emagrecedora que tolera os glicídios rápidos, como a farinha branca ou os feculentos, acaba, mais cedo ou mais tarde, por fazer com que o corpo resista e o peso fique estagnado.

Acima de tudo, coma com apetite e prazer: a proteína não é um nutriente de dieta, é o único nutriente vital, o que significa que você não poderia sobreviver a uma alimentação muito pobre nesse nutriente fundamental. A proteína também é o único elemento que o organismo não consegue sintetizar a partir de um outro nutriente. **Seu corpo sabe transformar açúcar em gordura ou gordura em açúcar, mas nenhum desses dois pode produzir proteínas.** O que quer que digam, os alimentos mais ricos em proteínas (como as carnes dos animais) são os mais representativos do gênero humano: a caça organizada em bandos com comunicação simbólica é a atividade que fez emergir nossa espécie e tornou-a capaz de desenvolver sua linguagem.

Seu ambiente de saúde

Você costuma se sentir nervoso, tenso e cabisbaixo? Esteja certo de que, entre suas orelhas e seus ombros, **seu músculo conhecido como trapézio** está ainda mais: trata-se do músculo que mais está envolvido e mais é afetado pelo estresse. Para relaxar, mantenha-se ereto e empurre a parte chata da cabeça, como se quisesse fazer com que ela encostasse no teto. Em seguida, abaixe seus ombros, de maneira a estender seu trapézio, que chamamos de "músculo do estresse encarnado". Você vai sentir uma sensação um pouco agradável, um pouco dolorosa e, depois, progressivamente, uma sensação de descontração e relaxamento que vai influenciar muito o seu bem-estar.

Sua atividade física

Você deve ter notado que, à medida que se aproxima do seu Peso Ideal, o corpo procura resistir. É algo compreensível, pois as reservas estratégicas de energia vital diminuem depois de mais ou menos dois meses, e seu corpo começa a entrar em uma vigilância exacerbada. Quando a sobrevivência está em jogo, o corpo dispõe de um acesso prioritário aos comandos biológicos de defesa. Ele resiste de modo ainda mais eficaz e a perda de peso fica mais lenta.

Se você ainda não tiver chegado ao seu Peso Ideal, deverá continuar a fase de cruzeiro. A melhor maneira de forçar as defesas de seu corpo é colocá-lo em uma situação em que ele não terá outra escolha senão continuar queimando suas reservas. Para isso será preciso ser decidido e bater de frente de todas as maneiras possíveis ao mesmo tempo. É o que fazem os médicos quando tratam de doenças resistentes, como a Aids, o diabetes, a hipertensão, o câncer: a técnica se chama "multiterapia".

Neste fim de percurso, a dieta continua a ser, mais que nunca, o grande motor de emagrecimento... Mas é possível que só a dieta já não seja mais suficiente. Intensifique a atividade física, faça uma hora de caminhada por dia, e mais, se tiver tempo e gostar da atividade.

Quando caminhar, procure trabalhar bem os glúteos, empurrando ativamente o pé de apoio o mais longe possível para trás, a fim de contrair esses enormes músculos, grandes consumidores de calorias. E enquanto trouxer o pé de trás para a frente, contraia o abdômen; é muito simples e o ato rapidamente se torna automático.

Por outro lado, lute contra as emoções negativas que "machucam" e o tornam particularmente necessitado de comidas que "fazem bem". Diante do que machuca, sente-se, pegue um lápis e um papel e escreva o que lhe parece ser responsável pela emoção negativa ou estresse que o agride (uma notícia ruim, uma dúvida, um problema financeiro, um problema de saúde, um sofrimento do ego etc.).

Escreva sobre essa angústia ou essa dor em duas linhas, não mais. Por exemplo: "O proprietário do meu apartamento quer pegá-lo de volta" ou "Meu inspetor de impostos está me pedindo uma informação complementar sobre os salários que recebi", ou "Terminei com meu namorado", ou "Acabei de descobrir que sou diabético", ou "Acabei de ser demitido" e assim por diante. Depois, pule a linha e escreva, **de maneira clara, a pior das consequências que essas ameaças podem resultar.** Uma vez que tiver escrito, você vai constatar por si mesmo que, com esse ato, impede que sua imaginação vá além: a pior das consequências, em geral, não é tão grave assim.

Exercício do dia

- ■ **Jovem e ativo:** Hoje vamos fazer 65 abdominais e 22 agachamentos.
- ■ **Mais de 50 anos e sedentário:** Hoje vamos manter 26 abdominais e 15 agachamentos.

Minha mensagem de apoio para você

Hoje, perto do fim do nosso relacionamento diário, gostaria de lhe dar um presente. *Você vai achar que tudo isso é um pouco louco... mas eu insisto. Antes, saiba que o que vou lhe dizer foi provado pela ciência e por um grande número de estudos de grande confiança (mas que ainda não estão acessíveis ao grande público).*

Este é meu presente *e ele vai lhe ser muito útil: falar, colocar em palavras uma imagem ou um pensamento pode criar uma ideia. Essa ideia, uma vez exprimida, pode começar a ter influência em você.*

Se eu digo que 'Esta maçã é branca', enquanto que a vejo verde, quando olho fixamente para a maçã, o fato de ter dito que é branca modifica um pouquinho sua cor. Ao falar, ao dizer em palavras, dou nascimento a uma parcela de realidade. Se eu continuar e insistir na ideia de que a maçã é branca, sorrio com a ilusão que crio para mim, mas, a partir de um determinado momento... não estou sonhando, a maçã certamente não se tornou branca, mas ela passou a ser menos verde do que era antes. Continuo a saber, intelectualmente, que a maçã é verde, mas alguma coisa mudou. Se eu continuar a insistir, é possível que, no meu teatro mental, o branco continue a recobrir progressivamente o verde da maçã. Enfim, se, todas as manhãs, depois duas, três ou quatro vezes por dia, eu continuar a experiência, a maçã branca vai começar a existir mentalmente para mim, inscrita em meus neurônios. Nós temos este poder: o de representar o mundo para nós mesmos segundo o modo que nos é conveniente, sempre de maneira um pouco diferente da dos outros.

Você nunca poderá imaginar a força e a importância do poder de sua mente.

Pierre Dukan

Sua motivação

Ontem eu lhe expliquei o que acontecia nos "bastidores da motivação". Descrevi como as coisas se decidiam dentro de você, secretamente, nas profundezas de sua programação arcaica, na qual um jogo de forças (às vezes antagonistas) se confrontam e interagem. Aparentemente, não teríamos voz no meio dessa guerra tribal de instintos primitivos. Isso é verdade... ao menos enquanto não tivermos consciência dessa mecânica instintiva, que tem mais a ver com a fisiologia que com a psicologia e a razão.

A boa notícia é que é possível intervir nessa guerra de instintos. O que a consciência tem a mais que o inconsciente é, justamente, sua consciência. Nessa luta para emagrecer, tão áspera e contra a natureza, você agora já sabe como as coisas se passam e quais são os intervenientes presentes. Sendo assim, você pode, através do pensamento, influenciar as forças capazes de sustentar seu combate. Seu papel é escolher seus aliados nesse lugar e desenvolver um jogo de influência capaz de reforçá-los.

Vou lhe dar um exemplo: você é jovem e bonita... mas obesa. Sempre a cortejam, mas você fica inibida por seu sobrepeso. Seu instinto de mulher e sua necessidade de seduzir representam duas forças extremamente poderosas: tente se apoiar nelas para vencer na decisão de emagrecer!

Graças à sua obesidade, é possível que você tenha diabetes, colesterol alto ou apneias durante o sono. Aqui, faça um apelo aos poderes do instinto de conservação, que também é um aliado muito forte.

Seu sobrepeso faz com que você se sinta isolado? Faça um apelo à sua necessidade natural de pertencer a um grupo.

Falemos, agora, dos instintos que poderiam se opor ao seu projeto de emagrecer. Seu hipotálamo foi programado para que você coma, pelo menos, tanto quanto gasta. Seu cérebro límbico, por sua vez, foi programado para que seu prazer seja sempre superior ao seu desprazer. Antes de mais nada, neutralize a avidez de seu instinto alimentar, comendo à vontade os 100 alimentos autorizados na minha dieta.

Em seguida, neutralize a necessidade de prazer e tranquilidade, encontrando, pura e simplesmente, o prazer em emagrecer, assim como em gastar calorias fisicamente, a fim de liberar serotonina. Você deve usar artifícios contra essas forças profundas, compreender seu funcionamento profundo, para que elas se tornem suas aliadas.

Não vivemos mais da mesma maneira uma vez que sabemos como funciona nosso cérebro.

"Escapadas" da dieta

Minha dieta é frequentemente chamada de **"dieta das proteínas"; não é mentira, mas é terrivelmente incompleto.** Você tem uma boa posição para saber que os legumes têm um papel essencial no meu método. Então, hoje, como o tempo urge, **gostaria que você fizesse para mim um dia de celebração dos legumes.** Faça o que quiser com os alimentos proteicos... Mas faça um esforço particular para comprar e preparar TODOS os legumes que gostar e, se possível, misture-os.

Já que estamos na coluna das "escapadas", aproveite o fluxo de legumes para não sair da pista. **Lembro a você que uma escapada raramente é algo decidido, mas a consequência de uma emboscada na qual você cai.** Às vezes, é difícil dizer "não" sem decepcionar ou ser obrigado a contar detalhes da sua vida a alguém... Então, tome cuidado! Como sou médico, as pessoas que me convidam para jantar ou almoçar sempre têm um prazer um pouco sádico em me fazer comer um pouco mais que os outros! Não estou de dieta, mas adquiri o hábito de me alimentar como aconselho na fase 3 de meu plano (fase de consolidação): delicio-me nas duas refeições de gala a que tenho direito por semana e, assim, não tenho maiores dificuldades sociais.

Mas se começam a me servir sistematicamente, adicionam queijo à sobremesa... aí eu já não aceito! Quando insistem demais e o tomam como algo pessoal, fico irritado: "Fui eu ou o médico que você convidou para comer?" Para dizer a verdade, já faz muito tempo que não aceito mais convites de pessoas que não são tão próximas de mim e que tentam me deixar em maus lençóis com seus modos à mesa. Aconselho a você que faça o mesmo.

Cesta de compras do dia

Hoje vou preparar para você uma refeição unicamente a partir de aromas e cheiros mágicos! Não se preocupe, é muito mais simples e concreto do que parece ser.

Se você fizer suas compras hoje, **passe na seção das especiarias** para comprar cravo, canela e baunilha. Escolha especiarias da melhor qualidade possível. Quando estiver em casa, pegue um pequeno frasco hermético (de vidro ou de plástico, um velho frasco de remédio ou outro).

Primeiramente, pegue um pedaço de maçã e enfie seis cravos. Em seguida, coloque-os no recipiente. Adicione cinco grãos de café bem esmagados, uma pitada de pó de canela e algumas gotas de baunilha natural (ou uma vagem de baunilha moída). Feche bem e deixe macerando durante uma noite. **No dia seguinte você vai ter um pequeno objeto, como um talismã, que estará lá para ajudá-lo.**

Você está tendo alguma tentação? Está com vontade de desistir? Está com vontade de comer uma guloseima pura, à qual não quer sucumbir? Pegue esse pequeno frasco, abra-o e sinta seu cheiro por pequenas inspirações curtas e repetidas, até conseguir penetrar bem na mistura de aromas que acabaram por constituir um perfume denso e "perialimentar".

É isso que eu chamo de "refeição de aroma": se você preparou corretamente, vai se deliciar. Uma novidade boa: você pode usar sua refeição de cheiros quantas vezes quiser.

Minha lista de compras

- Cacau em pó sem açúcar
- Ovos
- Ervas finas
- Queijo frescal, requeijão e cottage 0% de gordura
- Presunto magro
- Galeto
- Ricota light
- Peito de frango
- Tofu cremoso
- Chalota, manjericão
- Amido de milho
- Leite desnatado
- Água de flor de laranjeira ou água de rosas
- Canela em pó

Sua receita de hoje

Tempo de preparo **25 min**
Tempo de cozimento **20 min**
Serve **5 pessoas**

Minibocadas de Salmão defumado

Para a massa das bocadas
4 colheres (sopa) de farelo de aveia
2 colheres (sopa) de farelo de trigo
½ sachê de fermento
3 colheres (sopa) de requeijão 0% de gordura

3 ovos + 1 clara
1 colher (café) de aroma de amêndoas
Sal, pimenta-do-reino

Para o recheio
4 cubos de queijo frescal 0% de gordura
3 colheres (café) de requeijão 0% de gordura
Ervas finas ou cebolinha fresca
2 belas fatias de salmão defumado
Sal, pimenta-do-reino

1. Preaqueça a 210°C.
2. Em um recipiente, misture os farelos, o fermento, o requeijão, os ovos, a clara e o aroma de amêndoas. Salgue e adicione pimenta--do-reino.
3. Despeje a massa em uma forma flexível.
4. Sobre a grelha, leve a massa ao forno durante 20 minutos. O cozimento pode ser diferente de acordo com os fornos, por isso, fique atento.
5. Para o molho, misture bem o queijo frescal e o requeijão em um recipiente.
6. Com um garfo, misture todo o preparo. Adicione sal, pimenta-do--reino, um pouco de ervas finas e, se tiver, cebolinha fresca bem picada.
7. Divida o preparo nas minibocadas com a ajuda de uma pequena colher.
8. Corte o salmão em pequenos quadrados e disponha-os para a decoração. Decore com ervas finas.

Dica: Você também pode adicionar ovas de peixe no lugar do salmão defumado ou substituir o recheio à base de queijo frescal por mousse de atum, de salmão ou de tofu defumado.

Meu diário pessoal

Agora é com você. E não se esqueça de que eu tenho um endereço de e-mail. Você pode me fazer uma pergunta (caso não encontre a resposta em meus livros, no meu site na internet ou nos outros sites das pessoas que seguem minha dieta). No entanto, eu já lhe disse que não poderei responder a todas as perguntas. Sendo assim, só me escreva se tiver algo pertinente a dizer, algo que seja realmente importante para você...

Fase de cruzeiro · PL · Dia 55

Dia 55
da minha dieta Dukan

Meu peso inicial:	Meu peso atual:	total de kg perdidos:
....	....	....

Meu peso ideal:
....

Panorama do seu 55° dia

De volta aos legumes, com a habitual vontade de aproveitá--los plenamente e, principalmente, entender que esses alimentos são de primeira importância para garantir o futuro do seu peso. Quanto mais se acostumar a eles durante essa nossa experiência em comum, mais vai ter chances de se estabilizar. A cada vez que colocar na boca um legume cheio de virtudes, diga a si mesmo que isso representa um alimento sem tantas virtudes do qual seu estômago acaba de escapar, AFINAL, VOCÊ TEM APENAS UM ESTÔMAGO. E seu estômago, por mais distendido que seja, tem seus limites. Ora, os primeiros que chegarem serão mais bem-aceitos... Então, hoje, aproveite e coma muitos legumes.

"Escapadas" da dieta

Hoje, tão perto do objetivo, seria de extremo mau gosto que você saísse da dieta, ainda mais sabendo que pode consumir legumes. Sua missão é comer mais legumes que o normal... como se estivesse dando uma rápida olhadinha no papel tão importante desses alimentos para o futuro do seu peso e de sua estabilização. É possível que, como todos os dias, aliás, a tentação vagueie ao seu redor. Emagrecendo, você talvez oculte o brilho daqueles que não tiveram sua sorte... e que, inconscientemente, o invejam e fazem de tudo para tentá-lo.

Você conhece o discurso clássico: "Ah, só uma vezinha!" **Saiba que, em menos de uma semana, você vai poder fazer uma refeição de gala por semana, vai poder comer uma porção de feculentos, também uma vez por semana, assim como massas ou arroz integral, sêmola de trigo e lentilhas.** Então, espere um pouco e não ameace o essencial por algo tão insignificante.

Olhe bem nos olhos daqueles que tentam colocá-lo em tentação. Se forem seus amigos, diga-lhes que você não pode comer o que lhe oferecem. Aos outros, diga simplesmente que não quer, e mantenha-se firme.

Minha mensagem de apoio para você

Neste fim de percurso, sabendo que, muito em breve, vamos nos separar, **gostaria de recapitular com você tudo que realizamos juntos... e o que ainda falta para fazer** para levar este projeto até o fim.

Este diário de bordo foi concebido para durar dois meses, com o foco em uma perda de peso de cerca de 10kg (em média, 2kg na fase de ataque, depois mais 8kg, em uma média de 1kg por semana, ou seja, oito semanas de fase de cruzeiro). **Aqueles que, no início, tinham menos de 10kg para perder, já devem ter parado. Mas o que devem fazer aqueles que tinham mais de 10kg para perder e que ainda não terminaram?**

Ou continuam o método, que agora já é bem conhecido, sozinhos (alternância de dias PP e dias PL, exercício físico, zero escapadas e assim por diante), ou vão querer continuar em minha companhia... e, nesse caso, podem rapidamente me enviar um e-mail.

Muito em breve, vou publicar a continuação deste diário de bordo, sob a forma de uma 'recarga': os que tinham entre 10 e 20kg a perder poderão continuar a me seguir durante dez semanas complementares (com um acompanhamento de dois dias por semana).

E, finalmente, para aqueles cujo objetivo era, precisamente, perder 10kg, estes chegarão — caso já não tenham chegado — ao seu Peso Ideal dentro de dois dias. Se essa for sua situação, a partir daqui você tem uma DÍVIDA para comigo. Você tem o dever de CONTINUAR seu percurso, passando pelas duas últimas fases: a de consolidação e, em seguida, a de estabilização. Se você não o fizer, vai acontecer o que acontece com todas as pessoas que seguem uma dieta desprovida de plano concreto de manutenção do peso perdido: apenas 3% das pessoas conseguem manter o peso que perderam. Em contrapartida, se seguir *essas duas últimas fases (a última é para o resto da sua vida) posso lhe garantir QUE VOCÊ NUNCA MAIS VAI ENGORDAR NOVA-MENTE. Não sou obrigado a lhe dizer isso de maneira tão forte e segura: faço-o porque **nunca, em minha vida, conheci pacientes, leitores ou internautas que tenham me afirmado que engordaram de novo tendo seguido meu método até o fim, passando por suas quatro fases.***

Quando tiver se livrado desses 10kg você deverá, então, passar à fase de consolidação. Essa terceira fase é crucial. Seu papel é constituir uma transição entre a dieta muito enquadrada e estrita das duas primeiras fases e a quarta e última fase, na qual você vai poder voltar a se alimentar normalmente. A fase de consolidação tem uma duração de dez dias por quilo perdido, ou seja, cem dias, caso você tenha perdido 10kg. Essa fase se divide em duas metades (duas vezes cinquenta dias), para não abrir rápido demais o seu perímetro alimentar.

Na primeira parte da fase de consolidação, a partir do primeiro dia e com a base das proteínas e legumes ainda podendo ser consumidos à vontade, você vai adicionar: uma fruta (pode ser qualquer uma, menos banana, uva e cereja), duas fatias de pão integral, uma porção de 40g de queijo, uma porção de 200g de feculentos (porção pesada uma vez cozida) por semana e uma refeição de gala por semana (uma entrada livre, um prato principal livre, uma sobremesa e uma taça de vinho, mas você não vai poder se servir duas vezes do mesmo prato). Às quintas-feiras, você deverá fazer um dia inteiro de proteínas puras (PP).

Na segunda parte de sua fase de consolidação você vai seguir a mesma dieta... mas vai poder consumir duas frutas, em vez de uma, duas porções de feculentos, em vez de uma, e duas refeições de gala por semana, em vez de uma. Amanhã vou lhe dar algumas instruções complementares...

Pierre Dukan

Sua atividade física

Estou me dando conta de que ainda não falei realmente sobre a dança. Talvez você não goste de dançar ou talvez pense não ter o dom, nem o ritmo, nem ouvido para fazê-lo. Mas, caso você goste, isso muda tudo... Pois gostar de algo torna tudo prazeroso.

Estamos juntos porque você tem um problema de peso para resolver. Assim sendo, quanto mais você obtiver prazer fora da comida, maiores e melhores serão suas chances de não engordar novamente. Não sei qual é a sua idade, mas, se você for jovem ou relativamente jovem, experimente a dança africana para modelar as coxas, a dança do ventre para modelar o abdômen, o sapateado para os glúteos, a zumba para intensificar as combustões de calorias.

O ideal é praticar duas vezes por semana (ou apenas uma, mas o fazendo uma segunda vez em sua casa, com um DVD ou um CD). Caso você não seja mais tão jovem assim, as mesmas danças serão acessíveis se você tiver uma boa constituição e estiver em boa forma. Ou, então, você já pensou na dança de salão, no tango, na valsa ou no pasodoble? Praticadas a dois, essas danças também são muito agradáveis.

Para você, que é homem, o modern jazz e a zumba são danças engraçadas e estimulantes, assim como as danças de salão são originais e elegantes. Mas repito: faça apenas aquilo que realmente lhe agradar. Minha primeira prescrição em termos de atividade física sempre foi a caminhada, e vai continuar a ser, mas, evidentemente, aceito tudo que possa se adicionar a ela e lhe trazer mais alegria.

Exercício do dia

- **Jovem e ativo:** Hoje vamos fazer 65 abdominais e 22 agachamentos.
- **Mais de 50 anos e sedentário:** Hoje vamos mantes 26 abdominais e 15 agachamentos.

Sua motivação

Ontem eu terminei com a seguinte frase: "Não vivemos mais da mesma maneira quando descobrimos como funciona nosso cérebro." Você deve ter notado que durante nossa experiência em comum, muitas vezes, fiz apelo às neurociências. Acredito que estejamos em uma encruzilhada da história do homem. Importantíssimas mudanças tecnológicas, culturais, de moral e costumes vêm se produzindo no espaço em algumas dezenas de anos.

Ao advento da sociedade de consumo sucedeu a revolução das tecnologias da informação, que interconectam milhares de terrestres em tempo real. As grandes ideologias morreram ou não têm mais o mesmo impacto (marxismo, a teoria freudiana, o materialismo vindo da sociedade de consumo...). Quanto às novas tecnologias, essas não podem nos trazer o entusiasmo que mobiliza o homem. **Estamos em uma pane ideológica.** Como a natureza tem horror ao vazio, uma nova ideologia já esta a caminho, e é como uma estrela cuja luz ainda não conseguimos ver. Eu acredito que **essa nova ideologia, que carrega os valores humanos, será o conhecimento do funcionamento do cérebro.** Penetrando em seus arcanos, saberemos o que é o homem, conheceremos suas VERDADEIRAS necessidades e, graças a isso, as maneiras de satisfazê-las.

Eis o que sabemos hoje e como "a chama" da vida se sustenta ao longo de toda a existência... **Na sexta semana de vida embrionária, nas profundezas do cérebro arcaico, uma "pulsão de vida" emite uma mensagem** e uma energia que mobilizam os recursos do indivíduo para que ele viva e tente, através de todas as maneiras postas à sua disposição, proteger sua sobrevivência. **A partir do nascimento, o cérebro se arma de comportamentos que facilitam a sobrevivência.** Quando esses comportamentos atingem seu objetivo de maneira eficaz, uma recompensa é emitida sob a forma de uma sensação agradável, chamada prazer.

Alimentar-se e procriar, dois exemplos clássicos, garantem, respectivamente, a sobrevivência do indivíduo e da espécie (alimentar-se é recompensado pelo prazer alimentar e reproduzir-se, pelo prazer sexual).

Ao mesmo tempo que o prazer, nosso cérebro secreta uma dose correspondente de serotonina e, em seguida, de dopamina, recarregando essa pulsão de vida que nos "fornece" a vontade de viver. Assim, o ciclo se fecha: a vontade de viver nos induz aos caminhos que nos levam ao prazer... que, por sua vez, conserva a vontade de viver.

É dessa maneira que os homens vivem e esse ciclo se perpetua indefinidamente (exceto quando é interrompido pela depressão, quando a pulsão de vida se apaga).

Amanhã será nosso penúltimo dia juntos...

Seu ambiente de saúde

Hoje vamos falar sobre a depressão. Trata-se de um ressecamento doloroso da vontade de viver. Quem nunca teve depressão seria incapaz de compreender o mal absoluto que os deprimidos vivem. Falo sobre isso aqui, pois, de uma certa maneira, sobrepeso, obesidade e depressão têm pontos em comum. Habitualmente, comemos demais ou mal quando precisamos ser consolados pela comida. Para nos sentirmos alegres, felizes, é preciso que uma certa dose de serotonina seja secretada por nosso sistema nervoso. Quando a colheita de alegrias e satisfações de um ser humano se reduz, a liberação de serotonina também. **Quando o déficit de prazer persiste** (ou quando o desprazer e o estresse se acumulam), **a fonte de serotonina, totalmente seca, para de transmiti-la.** Desse modo, a vontade de viver se apaga e dá lugar ao desespero... e, em seguida, à vontade urgente de fazer com que o sofrimento de existir se acabe.

Muito felizmente, há mais de vinte anos, existem medicamentos que aumentam o nível de serotonina. São os antidepressivos modernos, cujo primeiro representante foi o Prozac. Se você tiver uma velha vulnerabilidade afetiva oriunda de sua infância — ou se, recentemente, atravessou um período difícil —, deve ter sentido a força da pulsão levando-o em direção à comida para produzir serotonina com urgência. É uma excelente maneira de escapar da depressão... que, infelizmente, gera um ganho de peso.

Desde que começamos a trabalhar juntos com este diário de bordo, **o objetivo era conseguir encontrar uma maneira não alimentar de produzir serotonina**, fiadora de sua vontade de viver. Por enquanto, durante a fase de cruzeiro, encontramos o prazer justamente no fato de emagrecer (vencer a si mesmo, autovalorização, aumento da autoestima etc.).

No entanto, quando tiver chegado ao seu Peso Ideal, você não vai mais ter a poderosa sensação de ver o ponteiro da balança descendo. Pois bem, é de extrema importância que você não caia novamente em sua fuga inconsciente em direção à comida. Diga a si mesmo que ainda existem outras maneiras de fazer com que sua serotonina aumente: a atividade física, cuja ação é atualmente mais que provada, a vida sexual, que incorpora o amor, a densidade das ligações familiares, mas também a arte, a espiritualidade, a música, o contato com a natureza e com os animais, a satisfação profissional, entre tantas outras coisas. Sua missão é recolonizar alguns desses territórios que não costumava explorar suficientemente antes.

Cesta de compras do dia

Hoje, na sua cesta de compras, vou colocar um alimento que é simplesmente mágico. Seu nome é complicado para um ouvido ocidental: os shiratakis. Quando o descobri, era apenas um alimento japonês, como as massas servidas em uma sopa exótica, que me parecia terrivelmente desinteressante... Até o momento em que soube que essa massa no fundo da tigela, escute bem, não continha UMA CALORIA SEQUER, nada!

Você pode imaginar o que um médico como eu, envolvido até o último fio de cabelo na luta contra o sobrepeso, deve ter sentido quando soube disso. É um tubérculo vegetal chamado shirataki que, ao longo de toda a sua existência vegetal esvazia-se de suas calorias para preparar a aparição de um caule, ramos e folhas. Quando a planta chega à sua maturidade, o tubérculo fica totalmente esvaziado de suas calorias. E é sob essa forma que é transformado em massa. Restam apenas as fibras preciosas, que possuem um poder fortíssimo de saciedade e uma ação de regulação de colesterol e de açúcar.

Um moderador de apetite que não contém uma caloria sequer é uma verdadeira bênção nos dias de hoje. Desde então, muitas águas passaram por baixo da ponte e eu fiz tudo para que esse alimento entrasse no meu método, assim como o farelo de aveia. Consegui convencer os distribuidores dos grandes supermercados a introduzi-lo em suas prateleiras.

Minha lista de compras

- Requeijão 0% de gordura
- Algas nori
- Camarão ou caranguejo
- Iogurtes 0% de gordura e sem açúcar
- Peixes crus para sashimi
- Repolho, berinjela
- Barras de farelo de aveia Dukan sabor chocolate
- Shiratakis
- Cenoura, cebola, alho, aipo
- Carne moída magra
- Tomates ou molho de tomate sem açúcar
- Tofu cremoso
- Aroma de cereja e amêndoa
- Gelatina
- Leite desnatado

Sua receita de hoje

Shiratakis à bolonhesa

Tempo de preparo **10 min**
Tempo de cozimento **1 hora**

2 pacotes de shiratakis (400g)
1 cebola cortada em pequenos cubos
1 dente de alho picado
1 cenoura cortada em pequenos cubos
1 ramo de aipo picado
1 colher (café) de orégano
1 colher (café) de tomilho
1 colher (café) de louro
Sal, pimenta-do-reino a gosto
300g de carne moída (magra)
1 pote de molho de tomate com coentro (ou dois tomates grandes, descascados e cortados em grandes pedaços)
1 xícara de caldo de carne sem gordura

1. Leve uma panela grande a fogo brando e despeje um pouco de água. Em seguida, adicione o dente de alho picado e a cebola cortada em cubos e refogue. Depois de 1 minuto, adicione os cubos de cenoura, de aipo, o tomilho, o orégano, o louro, o sal e a pimenta-do-reino e deixe cozinhar por cerca de 10 minutos. Adicione a carne moída, desfazendo-a com um garfo, e, em seguida, o molho de tomate com coentro (ou os tomates descascados e cortados em pedaços grandes). Adicione, também, o caldo de carne. Espere chegar à ebulição, tempere com sal e pimenta-do-reino **e** deixe cozinhando por pelo menos 1 hora.
2. Quando o molho estiver quase pronto, lave os shiratakis abundantemente com água corrente. Encha uma panela de água e leve ao fogo, até ferver.

3. Quando a água estiver fervendo, adicione os shiratakis e deixe cozinhando de 2 a 3 minutos. Escorra e passe novamente em água fria corrente.
4. Adicione os shiratakis ao molho. Sirva quente.

Na fase PP, limite o molho de tomate a duas colheradas grandes por pessoa e não adicione cenoura.

Meu diário pessoal

Seu diário de bordo está chegando perto do fim e, de todo meu coração, espero que você ainda esteja comigo. Conserve o hábito de escrever sobre si mesmo, sobre os acontecimentos de sua vida. Posso garantir que não vai se arrepender. Não se esqueça que deixei meu endereço de e-mail, caso você tenha alguma pergunta essencial.

Fase de cruzeiro · PP · Dia 56

Dia 56
da minha dieta Dukan

> Meu peso inicial:
> ....

> Meu peso atual:
> ....

> total de kg perdidos:
> ....

> Meu peso ideal:
> ....

Panorama do seu 56º dia

Hoje é um dia de tempo forte do motor que funciona em dois tempos. Hoje é dia PP. Como último empurrão antes de concluir... vamos tentar terminar este percurso testemunhando, mais uma vez, o poder das proteínas. E lembre-se: tanto para hoje quanto para o futuro, **quanto mais damos importância às proteínas, quer sejam animais ou vegetais, melhor emagrecemos e melhor ainda estabilizamos nosso peso.** O que é válido para as proteínas é ainda mais válido para os legumes.

Seu ambiente de saúde

Já que estamos nesta sessão, em que, todos os dias, falo sobre as relações entre seu peso e sua saúde, gostaria de fazer **um balanço geral do conjunto desses elementos de saúde.** Mais uma vez, não sei qual era seu peso antes de começar a dieta e qual é seu peso hoje. Mas o que sei é que você tinha peso para perder e que, hoje, já conseguiu eliminar alguns quilos.

Tendo perdido esse peso, você melhorou consideravelmente a sua saúde. E eu diria ainda mais: **você melhorou sua equação vital.**

Caso você seja jovem, talvez não perceba o alcance dessa equação. Mas se conseguir manter esse novo peso, sua vida futura vai sentir, esteja certo disso.

Caso você já tenha passado dos 50 anos, ter perdido 10kg é algo notável: as consequências da perda de peso em sua saúde são incalculáveis. Talvez você tenha a sorte de sempre ter tido uma boa saúde...

Mas, se porventura você for diabético, a doença deve ter melhorado consideravelmente.

Se você tinha colesterol alto, ele deve ter diminuído. Se você tinha uma taxa elevada de triglicerídeos, eles terão diminuído. Se você era hipertenso e tomava medicamentos para regular sua hipertensão, seu médico deve ter diminuído a posologia. Se você tinha dor nos quadris, agora, deve sentir menos dores e ter mais liberdade de ação. A mesma coisa para os problemas vertebrais, principalmente para as lombares e, mais ainda, para os joelhos. Se você roncava, agora deve fazer menos barulho enquanto dorme; se você tinha apneias do sono, essas devem ser menos frequentes e menos longas.

Em todos os casos, sua vida vai sentir os benefícios da perda de peso. Essa é, então, uma excelente razão para fazer tudo... para nunca mais engordar novamente!

Minha mensagem de apoio para você

Ontem eu imaginei você como uma das minhas leitoras e leitores que tinham 10kg para perder. Expliquei como passar para a fase de consolidação. Obrigo-me a lhe dizer que, de acordo com a minha experiência nesta dieta, **se você não seguir a terceira fase, mais cedo ou mais tarde vai acabar engordando de novo.** É o que acontece com todas as dietas que acabam depois da obtenção do peso desejado. Tome como exemplo qualquer dieta, atual ou mais antiga, e você não vai encontrar uma sequer que proponha um plano completo, concreto e estruturado para não engordar novamente. Durante os dez primeiros anos da minha vida de nutricionista confiei nessas dietas, pois meus pacientes não queriam ouvir falar em continuar a fazer esforço depois do emagrecimento.

Mas, a partir dos anos 1980, constatando que a maioria esmagadora dos meus pacientes engordava de novo depois de ter emagrecido, procurei construir alguma coisa que prolongasse a perda de peso. Assim, elaborei a fase que você vai começar amanhã (consolidação) e, rapidamente, notei que os ganhos de peso pós-dieta se tornaram menos frequentes, adiados e, na maioria das vezes, parciais.

Em 1990, dei um passo a mais e instaurei uma quarta fase de estabilização definitiva, que se baseava apenas no respeito a três regras elementares e indolores, mas não negociáveis, para o resto da vida.

Ao entrar na fase de consolidação você vai poder ampliar sua base alimentar, o que será suficiente para não engordar novamente, mas insuficiente para engordar. Essa fase foi concebida para durar dez dias por quilo perdido, ou seja, para você

que tinha 10 kg para perder, são cem dias ou três meses e dez dias. Durante esse tempo, você vai utilizar um certo número de alimentos cujo conjunto constitui, na minha opinião, o fundamento de uma alimentação humana perfeita. Uma alimentação assim, instaurada a longo prazo, garante um peso equilibrado e uma boa saúde. **A alimentação que você vai adotar durante a terceira fase** *vai lhe trazer, ao mesmo tempo, nutrientes, vitaminas e micronutrientes necessários... mas também os ingredientes de prazer, como o queijo, os feculentos e tudo que você poderá comer nas refeições de gala.*
É difícil chamar tudo isso de dieta: trata-se de uma alimentação completa, inteligente, e que poderia, sem maiores problemas, ser conservada para o resto da vida. *Mas como você vai ver, quando tiver terminado essa fase e puder passar à quarta fase, de estabilização definitiva, não haverá mais enquadramento dietético a ser respeitado. Você vai poder comer espontaneamente, mas conservando, ao lado desse modelo de alimentação humana universal, as três regras de base da estabilização para o resto da vida.*

Sua atividade física

Hoje eu vou lhe revelar meu pequeno segredo pessoal no que diz respeito à atividade física: é o **gesto do guerreiro,** um equivalente em miniatura do haka dos All Blacks! Você provavelmente conhece esses gestos de guerra sagrados que os jogadores de rúgbi neozelandeses executam antes dos jogos importantes. Vou explicar a você o que é o meu gesto de guerreiro.

De pé, com os braços dobrados em ângulo reto, com as mãos fechadas, você deve projetá-las uma contra a outra, como se fosse aplaudir com seus punhos... mas deve parar antes que se toquem! Depois, você deve afastá-los, do mesmo modo, com força e rapidamente, e recomeçar, da maneira mais intensa possível. A cada ida e volta, conte um, depois dois, depois três... Até dez. Em seguida, você pode recomeçar a série... quantas vezes quiser.

Tente continuar até que os músculos dos seus ombros (deltoides), dos braços e dos peitorais comecem a ficar mais aquecidos. Para que funcione, o gesto precisa ser verdadeiramente digno de um guerreiro: poderoso e rápido. A melhor época para fazê-lo é quando faz frio, pois o movimento nos aquece rapidamente.

Exercício do dia

- ■ **Jovem e ativo:** Hoje vamos fazer 65 abdominais e 22 agachamentos.
- ■ **Mais de 50 anos e sedentário:** Hoje vamos manter 26 abdominais e 15 agachamentos.

Sua motivação

Ontem abri meu coração para você, falando sobre a minha convicção de que o século XXI será o século de uma compreensão mais profunda do funcionamento do cérebro humano. Eu lhe apresentei a "pulsão emissora de vida" que ativa os comportamentos de busca do prazer, a secreção de serotonina e dopamina, que vêm para recarregar essa mesma pulsão, a fim de permitir que ela continue a difundir a vontade de viver.

Atualmente, todas as pesquisas comportamentais e epidemiológicas indicam que uma enorme proporção dos habitantes dos países ricos tem dificuldades em se alegrar dentro deste modelo de sociedade, unicamente voltado para a equação econômica. Entre esse bilhão e meio de seres humanos em sobrepeso, **cada caso é particular, mas o denominador comum é sua vulnerabilidade.** Quer seja a pobreza, o acúmulo de estresse, a compressão do tempo, o afastamento da natureza humana e da própria natureza, o enfraquecimento da relação inter-humana, as distâncias, o apagamento do corpo e do movimento, o materialismo fazendo a espiritualidade e a religião recuarem... **todas essas privações de alimentos humanos fazem mal.** Para contornar e neutralizar o sofrimento as pessoas comem sempre mais: de maneira mais gratificante, mais açucarada, mais gordurosa, mais desequilibrada. Certamente, tais pessoas se acalmam enquanto comem, mas também engordam e, dessa maneira, aumentam sua doença e sua necessidade de serotonina. E quando chega o momento de emagrecer, é preciso não apenas parar de comer tanto para secretar serotonina, mas também passar a um modo alimentar restritivo.

Para ter melhores chances de não regredir é preciso ter consciência dessa mecânica cerebral (necessidade de prazer/serotonina como carburante vital). Muito felizmente, a comida não é o único provedor de prazer. Durante o tempo de emagrecimento, **o mais evidente prazer de substituição é, pura e simplesmente, o fato de emagrecer — e emagrecer rapidamente —,** melhorar sua aparência, voltar a sentir-se à vontade com seu próprio corpo e reencontrar o bem-estar, sentir-se normal e apto à vida em grupo, ganhar mais autoestima e assim por diante. **O prazer em emagrecer é imenso:** conheço um grande número de pessoas que me dizem que o fato de terem perdido peso mudou suas vidas.

O que acontece quando conseguimos atingir nosso objetivo e o prazer em emagrecer cessa? É o momento de **buscar, entre as**

grandes necessidades fundamentais, aquelas com as quais você sente maior afinidade. Deve-se tentar cultivar tais necessidades, responder ao seu chamado e torná-las suas amigas, alimentar-se delas e **reencontrar o caminho da serotonina.** Ao longo de toda a nossa viagem, muitas vezes, falei sobre os "Dez Pilares da Felicidade", base da minha teoria do contentamento. Explore-os e recolonize certos territórios esquecidos.

"Escapadas" da dieta

Hoje não me resta mais muito tempo para lhe passar minhas últimas mensagens. Tenho certeza absoluta de que você entendeu que, nesses dois últimos dias, sair da dieta não seria algo aceitável. Confiando em seu bom senso, gostaria de insistir no prazer. **"Tudo que é feito sem prazer, cansa, tudo que se faz com desprazer, se quebra."**

Vou repetir, mas de outra maneira: busque em si mesmo o que é importante em sua vida e o que pode lhe trazer prazeres diferentes do prazer de comer. É uma oportunidade sonhada para cavar em seu eu profundo e aprender a se conhecer. Isso não é tão simples quanto parece... **mas é algo enriquecedor.** Trata-se de sua beleza, seu corpo, sua imagem, sua sexualidade, seus filhos, o espaço da sua casa, sua atividade profissional, sua natureza, sua vida espiritual, sua criatividade, sua vida cultural! Tudo isso pode ser rico e gratificante... tanto quanto a comida, ou até mais que ela! Em vez de compensar suas dificuldades, mal-estar ou insatisfações com a **"comida de gratificação", componha uma música de felicidade com os instrumentos que você vem deixando de lado há tanto tempo.** É possível, escolha um território de caça, e não largue mais!

Cesta de compras do dia

Hoje, último dia de proteínas puras da sua fase de cruzeiro. Para terminar em grande estilo, **faça deste dia um dia de festa.**

Faça um esforço e compre os alimentos ricos em proteínas de que você mais gosta. Talvez um filé de boi, um escalope à milanesa empanado com ovo e farelo de aveia? Ou, talvez, salmão defumado, uma posta de linguado ou de robalo, belos camarões rosa, vitela ou peito de peru? Ou, ainda, talvez um cozido de carne caseiro, codornas recheadas com requeijão, sobremesas de proteínas, como pudins, mousses, ilhas flutuantes, muffins de farelo de aveia... **Como você pode ver, se despedir dos dias de proteínas puras sem festejar está fora de questão!**

Minha lista de compras

- Leite desnatado
- Filés de frango
- Iogurte e requeijão 0% de gordura
- Cottage 0% de gordura
- Fígado de boi ou frango
- Ricota light
- Água de rosas
- Ovos
- Presunto magro
- Codornas
- Cebola, cogumelos
- Aromas sabor conhaque

Sua receita de hoje

Torta de frango

> Tempo de preparo **30 min**
> Tempo de cozimento **1h15**
> Serve **6** pessoas

2 ovos inteiros
1 iogurte desnatado (sem soro)
4 colheres (sopa) cheias de queijo cottage 0% de gordura
4 colheres (sopa) de requeijão 0% de gordura

Recheio:
1 peito de frango cozido e desfiado (reserve o caldo)
3 cebolas
2 dentes de alho
Salsinha e cebolinha
Pimenta-do-reino
Sal
Orégano

1. Bata os ovos, o iogurte desnatado, o queijo cottage e o requeijão no liquidificador. Adicione sal a gosto. Reserve.
2. Para o recheio, refogue as cebolas e o alho com um pouco do caldo de frango reservado até amolecerem e ficarem transparentes.
3. Acrescente o frango desfiado e o restante dos temperos espere o caldo secar.

Montagem:
Uma camada de massa líquida + uma camada de frango refogado + uma camada de massa líquida + orégano
Leve ao forno preaquecido a 180°C por aproximadamente 1 hora e 15 minutos

Dica: Algumas opções de recheio são atum refogado com cebola, cubos de queijo frescal com peito de peru, carne moída refogada.

Meu diário pessoal

Amanhã será o último dia em que virei lembrar a você sobre a importância de se comunicar consigo mesmo. Pense nisto: esse gesto cotidiano é tudo menos algo irrelevante; é um ato profundo, uma qualidade inerente ao ser humano, que possui a consciência e que pode se dar o tempo de parar para interrogar tal consciência.

Fase de cruzeiro • PL • Dia 57

Dia 57
da minha dieta Dukan

Meu peso inicial:	Meu peso atual:	total de kg perdidos:
....	....	....

Meu peso ideal:
....

Panorama do seu 57° dia

E aqui estamos nós, no último dia deste diário de bordo. **Eu me acostumei a vir aqui para falar com você.** Vou sentir sua falta... mas, paralelamente, estou trabalhando na continuação deste diário, que é adaptada à terceira fase, de consolidação. Sendo assim, é totalmente possível que nossos caminhos se cruzem novamente, em breve.

Hoje vamos fechar nosso ciclo com **um dia de proteínas e legumes**, que é uma maneira de terminar em grande estilo. Aproveite este dia PL sabendo que, amanhã, ao entrar na fase de consolidação, você vai poder comer, além desses legumes e proteínas à vontade, para o resto da vida, uma fruta, duas fatias de pão integral e uma porção de queijo, imediatamente. Para terminar a semana, você vai poder, além disso, comer uma porção de feculentos e fazer uma refeição de gala. Nas páginas que se seguem, vou lhe dar todas as instruções para aterrissar com leveza e, principalmente, não perder o fruto do trabalho que executamos juntos.

Seu ambiente de saúde

Antes de deixá-lo eu gostaria de lhe explicar sobre **a atual polêmica em torno das dietas.** O problema do sobrepeso, da magreza e da silhueta é um assunto recorrente na imprensa feminina. Há trinta anos são ditos os maiores absurdos a esse respeito. Atualmente, é de bom-tom interessar-se pela "não dieta": **finge-se acreditar que**

bastaria comer de maneira equilibrada, de maneira comedida e razoável para emagrecer. É preciso nunca ter estado no terreno do sobrepeso e desconhecer fundamentalmente o comportamento dos obesos e das pessoas em sobrepeso para dizer ou deixar que digam uma incongruidade como essa.

Uma pessoa em sobrepeso tem uma relação afetiva, emocional e desordenada com a comida, o que vai no sentido contrário da famosa alimentação equilibrada sugerida pelos defensores da não dieta. **Se um obeso fosse capaz de ter tal senso de medida, equilíbrio e moderação, nunca teria acumulado um sobrepeso, graças ao qual sofre.** É preciso nunca ter sido muito gordo ou obeso para imaginar o contrário. As pessoas em sobrepeso considerável sabem muito bem que é impossível emagrecer de maneira substancial sem seguir uma dieta emagrecedora eficiente. Dizer ou deixar dizer que as dietas de nada servem e que são perigosas é recusar seu recurso terapêutico: é ser igual àqueles que, por questões ideológicas, se recusam, por exemplo, a tomar antibióticos ou vacinas. O que importa é que VOCÊ tenha bom senso e espírito crítico suficiente para não sucumbir a esses modelos. Muitos interesses estão em jogo, muitos lobbies se ativam para paralisar a luta contra o sobrepeso.

Não espere que qualquer coisa caia do céu: a única verdadeira solução só pode vir de você mesmo. Para se guiar, interrogue aqueles que emagreceram, que estão contentes, orgulhosos e com uma saúde melhor.... E, principalmente, que não engordaram de novo. Essas pessoas existem, conheci muitas em minha vida. Espero que você venha a se tornar uma delas e que proteja o fruto do seu esforço. **Quando esse for o caso, espalhe ao seu redor:** quem emagrece ao ponto de mostrar que sua vida mudou é uma excelente fonte de emulação, de motivação. Graças aos seus esforços sobre si mesmas, essas pessoas dão a muitas outras a vontade de fazer o mesmo, e eu as vejo como motor principal na luta contra a calamidade do sobrepeso.

Minha mensagem de apoio para você

Esta será minha última mensagem de apoio. Todos os dias vim aqui com a missão de lhe trazer meu suporte, o que fiz de todo o meu coração, da mesma maneira que faria se estivesse diante de você. O exercício foi difícil, pois você não estava comigo. Mas existe um elemento essencial comum a todas as pessoas em sobrepeso, homens ou mulheres, jovens ou idosos: uma maneira muito peculiar de utilizar a comida para aliviar o estresse e as contrariedades da vida.

Hoje, para concluir, gostaria de lhe dizer algo. **Se você seguiu seriamente as duas primeiras fases deste plano, você não pode não ter emagrecido, pois isso nunca aconteceu.** No que diz respeito às duas próximas fases, antes, a consolidação e, em seguida, a estabilização para o resto da vida, posso lhe dizer que, assim como para as duas primeiras fases, se você as seguir segundo minha prescrição, nunca mais vai engordar novamente. Isso também nunca aconteceu.

Mas essa promessa tem um corolário: se, com seu Peso Ideal conquistado, você achar que poderá se virar sozinho e negligenciar a terceira e a quarta fases do meu método, é meu dever assegurar que você vai engordar de novo. Pronto, agora você já está prevenido. Faça a escolha certa e, acima de tudo, não se deixe enganar por um peso aparentemente estável, apesar de algumas escapadas da dieta. Você poderia imaginar que, graças ao efeito da dieta, seu metabolismo mudou e você perdeu sua tendência a engordar. De jeito nenhum! Trata-se de uma simples inércia passageira de seu metabolismo, mas ela não vai durar muito tempo. A gestão de suas reservas de gordura é assegurada por um mecanismo biológico programado para prote-

ger tais reservas. Quando você engordou, seu corpo descobriu um peso que inscreveu em seu programa. Assim como um autômato, ele vai tentar fazer com que você volte a ter esse peso. Esteja consciente disso e nunca baixe a guarda durante muito tempo.

*Além disso, minha longa experiência me indica que pouca coisa basta para estabilizar um peso: uma consolidação pontual de dez dias por quilo perdido e, em seguida, **uma estabilização baseada em três medidas que representam o mínimo irredutível a ser aceito para não engordar novamente.***

Quando chegar a ela, não deixe de lado essas três medidas, pois elas formam um tripé de estabilização. Repito solenemente, mais uma vez, a última: ao respeitar as três medidas, esteja certo de que vai conservar seu Peso Ideal. Sem elas, você vai engordar de novo. E caso se deixe levar e ganhe peso novamente, não espere muito para reagir. Quanto mais o tempo passa, mais esse peso se instala, para depois se incrustar, obrigando você a voltar à estaca zero da dieta.

Pierre Dukan

Sua motivação

Ao longo de todo o seu percurso sua motivação frequentemente esteve em jogo. Essa força estranha, que vem das profundezas de sua vida instintiva, dita as escolhas ligadas ao seu instinto de sobrevivência: ela lhe confere a força de vontade ou a energia necessária para viver.

Durante 60 dias você surfou nessa força para conseguir emagrecer. Espero que tenha obtido sucesso e que, hoje, já tenha chegado ao seu Peso Ideal. Neste momento, na medida em que seu peso se normalizou, você corre o risco de perder o impulso dessa motivação. **Infelizmente, emagrecer traz mais prestígio que conservar o peso perdido.** Mas o percurso não para por aqui e a motivação deve permanecer, de alguma maneira...

Até agora, você emagreceu dentro de um sistema bastante estrito, que o protegia das tentações. A partir de amanhã, você vai entrar na fase de consolidação, o que quer dizer que vai poder comer muitos outros alimentos. É verdade, **você corre o risco de se sentir desorientado diante dessa profusão.** Para evitar o efeito de ruptura conservei, nessa fase mais aberta, um enquadramento, alguns pontos de referência, indicações e um roteiro extremamente protetor. Peço que você siga as instruções "ao pé da letra", pois essa fase é essencial para o futuro de sua estabilização.

Um lapso de tempo é necessário para proteger o peso obtido, arduamente conquistado e ainda vulnerável. Para isso mantenho uma vigilância bastante atenuada, mas ainda bem-estruturada, que deverá durar dez dias para cada quilo que você perdeu (ou seja, cem dias para 10kg perdidos). É tempo suficiente para que o conjunto dos alimentos dessa fase componha, em sua mente, uma base firme e perfeitamente visualizada. Durante a fase de consolidação você deve continuar dentro dessa base.

E, depois, uma vez que os cem dias tiverem passado, você vai passar à **fase de estabilização definitiva** e voltar à arena da alimentação consumida pelo "grande público". Aqui, você reencontra, ao mesmo tempo, a liberdade e seus perigos. **No entanto, você vai conservar para sempre, quer queira, quer não, a lembrança e os reflexos adquiridos que compõem a base da consolidação.** Protegido dessa forma, você vai poder comer espontaneamente, respeitando as três medidas fundamentais do meu método para o resto da vida.

"Escapadas" da dieta

Acredito que neste nosso último dia juntos não seja necessário pedir para que você não saia da dieta. Aproveitarei, então, para lhe dizer o que essa "matriz de escapada" deve se tornar.

Na fase de consolidação você não vai poder comer TUDO que quiser, quando quiser, mas em função do timing da semana.

Desse modo, se você quiser comer uma fruta, ou até duas, vai poder comê-las. Você vai poder comer pão: duas fatias todas as manhãs, mas não três. Se quiser uma porção normal do queijo à sua escolha, também vai poder, mas em apenas uma refeição.

Se quiser um bom prato de massa, vai poder comer, mas sempre cozida al dente. Uma porção de arroz? Sim, mas de arroz integral, de preferência, ou branco, se for comer em um restaurante japonês ou chinês. Lentilhas, feijão, quinoa ou sêmola de trigo também... A porção média fica em torno de 200g, peso do alimento já cozido. Você vai poder comer apenas uma porção por semana durante os primeiros cinquenta dias, depois, duas vezes por semana, na segunda parte da consolidação.

E, finalmente, guardei o melhor para o final: você vai poder comer uma **refeição de gala** por semana, na primeira parte da consolidação, depois duas refeições de gala por semana, na segunda parte.

Lembro que uma refeição de gala é composta por uma entrada livre (inclusive uma fatia de foie gras!), um prato principal (o prato que você quiser, até mesmo uma feijoada ou um risoto!) e uma sobremesa totalmente livre. A refeição de gala pode ser acompanhada de um copo bem cheio de vinho.

No entanto, nessa refeição de gala, você não vai poder se servir do mesmo prato duas vezes. Com essa alimentação da fase de consolidação você terá em mãos uma matriz alimentar ideal... que se despedaçou completamente a partir dos anos 1950, com o modelo alimentar do consumo desenfreado.

Você pode ver que, a partir de amanhã, a palavra "escapada" vai se tornar obsoleta. E apenas descrevi a fase de consolidação. A estabilização será, como para a cultura, "aquilo que resta quando já nos esquecemos de tudo".

Sua atividade física

Para concluir a questão da atividade física, gostaria de levantar um debate. Sim, a atividade física queima calorias e facilita o controle energético do peso. Sim, a atividade física mantém a forma e faz com que, como já disse inúmeras vezes, você secrete serotonina (o que atenua a necessidade de buscá-la na comida).

No entanto, dar ao seu corpo uma atividade não deve ser considerado um luxo: é uma necessidade instintiva. Não sei se você tem consciência disso: vivemos em um mundo que mudou radicalmente desde o fim da última guerra (mais que ao longo do percurso muito longo que foi a civilização). **Estamos ébrios de conforto e ricos em possibilidades oferecidas pela tecnologia, mas muito empobrecidos no plano humano.** Ora, a felicidade humana não pode despontar senão numa vida que se desdobra como um ser humano foi programado para vivê-la. Enquanto nossa existência for governada por uma genética oriunda do Paleolítico, cada inovação cultural, por mais resplandecente que seja, vai nos afastar da razão pela qual fomos criados. Se somos muito gordos hoje, se recorremos sempre a antidepressivos, é porque não vivemos a vida para a qual fomos feitos. Nós nos adaptamos, mas essa adaptação nos leva muito longe de nossos territórios de tranquilidade.

Caminhar sobre os dois membros inferiores foi o primeiro gesto humano a partir do qual certos primatas evoluídos, os grandes antropoides, abriram a longa caminhada em direção ao homem. Isso quer dizer que essa atividade pedestre está inscrita no mais profundo do nosso cérebro mais arcaico, um pouco como as primeiras experiências emocionais de uma criança pequena constroem, para o resto de sua vida, sua arquitetura afetiva.

Não sei se você está prestando atenção ao que estou lhe falando agora: nada no mundo tem mais valor que sua felicidade. O peso que você ganhou e que acaba de perder são a testemunha de dois fatos evidentes: você engordou para conseguir encarar um ambiente hostil e emagreceu resistindo a esse mesmo ambiente. Tendo em vista a evolução do mundo, o ambiente não tem qualquer razão para mudar: se você quiser se proteger, vai ter que viver aceitando abrir os olhos para essas realidades. E a CAMINHADA é um dos elementos através dos quais você vai manifestar sua humanidade, sua felicidade... e a estabilidade de seu novo peso.

Exercício do dia

- ■ **Jovem e ativo:** Hoje passaremos a setenta abdominais e faremos 24 agachamentos.
- ■ **Mais de 50 anos e sedentário:** Hoje vamos tentar passar a 30 abdominais e a 15 agachamentos.

Cesta de compras do dia

Para os legumes, **a cada vez que puder escolher, compre-os frescos.** Mas, caso queira ter alguma reserva, para estar certo de que não vão lhe faltar, você também tem a possibilidade de usar legumes congelados e em conserva.

Os legumes congelados podem rivalizar com os legumes frescos. Hoje em dia os produtores otimizam as compras, os prazos entre a colheita e o condicionamento. Eles retiram a casca e fervem rapidamente os legumes antes de os congelarem, para melhor proteger as vitaminas e micronutrientes. Em geral, o descongelamento deve ser lento e o cozimento deve acontecer imediatamente após.

Os legumes em conserva passaram por altas temperaturas que eliminaram grande parte das vitaminas frágeis, como a vitamina C, mas, em contrapartida, melhoraram a assimilação de caroteno. Os legumes em conserva costumam não ter conservantes, mas vêm com sal. Não jogue fora a água na qual os legumes são conservados, pois ela é rica em vitaminas. E não lave os legumes, a não ser que você esteja seguindo uma dieta sem sal.

Minha lista de compras

- Farelo de aveia e farelo de trigo
- Requeijão 0% de gordura
- Aroma de coco
- Cardamomo
- Pepino
- Cottage 0% de gordura natural
- Carne moída magra
- Presunto magro
- Peito de frango
- Ovos
- Salsa, alho, cebola
- Caldos (de carne, galinha, legumes) em cubo, sem gordura
- Biscoito de farelo de aveia Dukan sabor avelã
- Caranguejo
- Salada, tomate, gérmen de soja
- Alho-poró
- Shiratakis
- Vieiras
- Sorvete de iogurte light

Sua receita de hoje

Macarrão de abobrinha e cenoura com molho de tomate

Tempo de preparo **15 min**
Tempo de cozimento **25 min**
Serve **2** pessoas

1 cenoura
2 abobrinhas grandes
6 unidades de tomate italiano
8 unidades de minitomate-cereja
1 cebola
2 dentes de alho
Folhas de manjericão fresco
Sal, pimenta-do-reino moída na hora e temperos a gosto

1. Corte a cebola e coloque em uma frigideira antiaderente e vá mexendo até que fique transparente. Junte os tomates picados ou batidos, conforme a sua preferência. Tempere e deixe cozinhar por aproximadamente 25 minutos. Ao final do cozimento, acrescente os tomates-cereja inteiros, para amolecer. Reserve. Outra opção é usar o molho de tomate pronto 0% de gordura.
2. Em dois pratos, coloque a cenoura e a abobrinha em fios como um spaghetti, regue com o molho de tomate, salpique um pouco de queijo frescal ralado por cima e decore com os tomates-cereja e folhas de manjericão fresco.

Meu diário pessoal

Seu diário termina aqui, no que diz respeito a este diário de bordo. Mas, caso você tenha descoberto o prazer de escrever, não o abandone. Mais uma vez posso lhe garantir que essas poucas linhas cotidianas, que são a testemunha de sua auto-observação, serão extremamente úteis: uma vida inteira pode ser bifurcada graças à descoberta de uma maneira desconhecida de se funcionar. Mais uma vez, não se esqueça de que você tem o meu endereço de e-mail e que ele é uma passarela entre você e eu.

E a seguir...

O que fazer depois desses 60 dias?

Nossa missão comum era que você perdesse 10kg.

Se você tinha 10kg ou menos para perder, sua missão Peso Ideal chegou ao fim.

Se você tinha mais de 10kg para perder e ainda lhe faltam 5, 10 ou 20kg, você pode continuar sua dieta com meus livros, ou, melhor ainda, se inscrever no site: www.dietadukan.com.br.

Para todos vocês **a fase três de consolidação e a fase quatro de estabilização** são cruciais.

Da mesma forma que garanti que você perderia 10kg durante esses 60 dias, posso dizer que, sem seguir as duas últimas fases, você vai engordar novamente. Não conheço ninguém que, tendo seguido as quatro fases, não tenha emagrecido e estabilizado seu peso.

Este livro foi composto na tipologia Frutiger,
em corpo 10/14, e impresso em papel offset no Sistema
Cameron da Divisão Gráfica da Distribuidora Record